Klasse 6

Jörg Krampe & Rolf Mittelmann

Mathe-Training

zur Wiederholung & Festigung

6

Maßstab: Längen (Karte – Wirklichkeit) 43

Berechne die wirklichen Längen in der angegebenen Einheit. Male dann nur die Felder mit den berechneten Längenangaben mit einer Farbe aus.

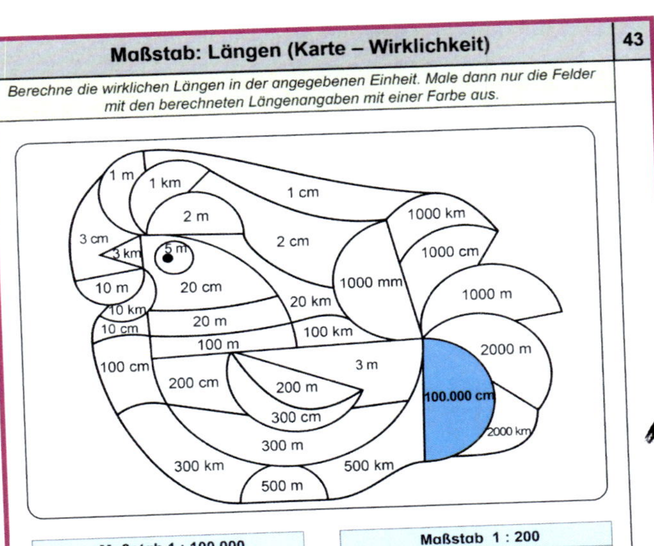

Maßstab 1 : 100.000	
Karte	**Wirklichkeit**
1 cm	**100.000 cm**
1 cm	____ m
1 cm	____ km
10 cm	____ km
1 mm	____ m
2 cm	____ m
2 mm	____ m
3 cm	____ km
5 mm	____ m
3 mm	____ m

Maßstab 1 : 200	
Karte	**Wirklichkeit**
1 cm	____ cm
1 cm	____ m
1 mm	____ cm
10 cm	____ m
15 mm	____ cm
15 mm	____ m
5 cm	____ cm
5 cm	____ m
5 mm	____ mm
5 mm	____ m

AUSMALEN

Maßstab: Längen (Karte – Wirklichkeit)

– LÖSUNG –

Maßstab 1 : 100.000	
Karte	**Wirklichkeit**
1 cm	**100.000 cm**
1 cm	**1000 m**
1 cm	**1 km**
10 cm	**10 km**
1 mm	**100 m**
2 cm	**2000 m**
2 mm	**200 m**
3 cm	**3 km**
5 mm	**500 m**
3 mm	**300 m**

Maßstab 1 : 200	
Karte	**Wirklichkeit**
1 cm	**200 cm**
1 cm	**2 m**
1 mm	**20 cm**
10 cm	**20 m**
15 mm	**300 cm**
15 mm	**3 m**
5 cm	**1000 cm**
5 cm	**10 m**
5 mm	**1000 mm**
5 mm	

AUSMALEN

G M 3 E

AF565271

- 45 motivierende Übungen
- 3 Differenzierungsstufen
- Erfolg durch Selbstkontrolle

Mathe-Training / Klasse 6

45 motivierende Übungsseiten in 3 Differenzierungsstufen

2. Auflage 2026

Inhalt: Jörg Krampe und Rolf Mittelmann
Umschlagbilder: Kohl-Verlag & volondoff - AdobeStock.com
Redaktion: Kohl-Verlag
Grafik & Satz: Kohl-Verlag
Druck: Druckerei Flock, Köln

Bestell-Nr. 13 026

ISBN: 978-3-98841-060-3

Bildquellen: © AdobeStock.com:

S. 2: Africa Studio; **S. 5+6:** AngArt; **S. 7+8:** Nursery Art; **S. 9+10:** AngArt; **S. 11+12:** Faziljan; **S. 13+14:** Alena; **S. 15-16:** Alena; **S. 17:** qasb; **S. 19:** ponzu; **S. 21:** stockgood; **S. 29+30:** natchapohn; **S. 31+32:** natchapohn; **S. 33+34:** AngArt; **S. 35+36:** Faziljan; **S. 37+38:** Faziljan; **S. 39+40:** Faziljan; **S. 41+42:** brudertack69; **S. 43+44:** Marco Ramerini; **S. 45+46:** AkosHorvathWorks; **S. 47:** nadiinko; **S. 49:** anatolir; **S. 51:** akininam; **S. 53+54:** BoonLan; **S. 55+56:** Anastasia Rybalka; **S. 57+58:** natchapohn; **S. 59+60:** Alena; **S. 61+62:** Olga; **S. 63+64:** Milya Shaykh; **S. 65+66:** Iuliia Pilipeichenko; **S. 67+68:** Oleksii; **S. 69+70:** amadeustx; **S. 71:** Amarc; **S. 73:** Supersubstd; **S. 75:** TriMaker; **S. 77+78:** Faziljan; **S. 79+80:** Faziljan; **S. 81+82:** Faziljan; **S. 83+84:** Funnyarti; **S. 85+86:** BoonLan; **S. 87+88:** BoonLan; **S. 89+90:** Faziljan; **S. 91+92:** Faziljan; **S. 93+94:** Faziljan; **Seite 96:** © luismolinero, alex83m, yoyonpujiono & Ghost Rider - AdobeStock.com

Kontakt: Kohl-Verlag, An der Brennerei 37-45, 50170 Kerpen
Tel: +49 2275 331610, Mail: info@kohlverlag.de

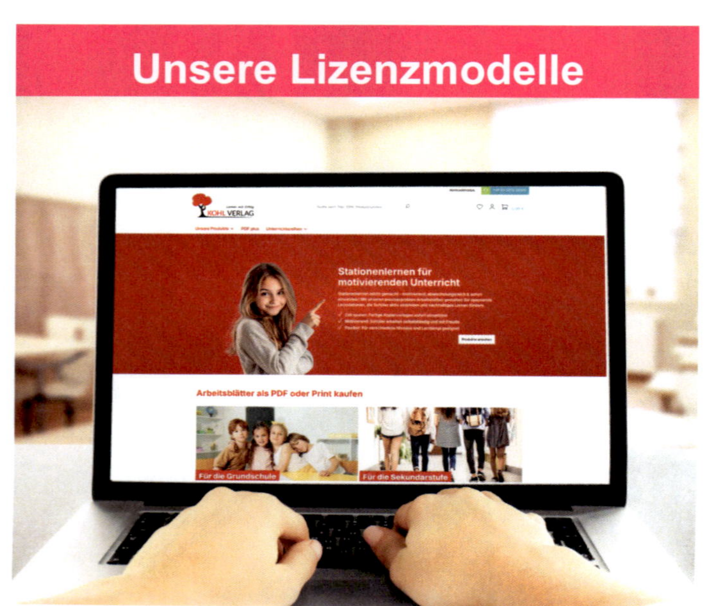

Der vorliegende Band ist eine Print-Einzellizenz

Sie wollen unsere Kopiervorlagen auch digital nutzen? Kein Problem – fast das gesamte KOHL-Sortiment ist auch sofort als PDF-Download erhältlich! Wir haben verschiedene Lizenzmodelle zur Auswahl:

	Print-Version	PDF-Einzellizenz	PDF-Schullizenz	Kombipaket Print & PDF-Einzellizenz	Kombipaket Print & PDF-Schullizenz
Unbefristete Nutzung der Materialien	x	x	x	x	x
Vervielfältigung, Weitergabe und Einsatz der Materialien im eigenen Unterricht	x	x	x	x	x
Nutzung der Materialien durch alle Lehrkräfte des Kollegiums an der lizensierten Schule			x		x
Einstellen des Materials im Intranet oder Schulserver der Institution			x		x

Die erweiterten Lizenzmodelle zu diesem Titel sind jederzeit im Online-Shop unter www.kohlverlag.de erhältlich.

Inhaltsverzeichnis

Differenzierung:

ohne Stern: Basiswissen, Basisniveau
mit* : Grundwissen, mittleres Niveau
mit : Erweitertes Wissen, anspruchsvolleres Niveau**

MATHE-TRAINING
... zur Wiederholung & Festigung / Klasse 6 – Bestell-Nr. 13 026

Vorwort

Liebe Kolleginnen, liebe Kollegen,

diese Sammlung von Kopiervorlagen orientiert sich an den wesentlichen Inhalten der Mathematik im 6. Schuljahr. Dabei geht es gleichermaßen um Aufgaben zum Lernen wie auch zum Leisten. So erhält die Lehrperson zusätzliche Übungen, die das Aufgabenmaterial *unabhängig vom Schulbuch* ergänzen können.

Eine besondere Eigenschaft der Übungen ist die *konsequente Differenzierung* der Lerninhalte in 3 Schwierigkeitsstufen je Thema. Dabei wurde bewusst die jeweilige Übungsform beibehalten, um der Lehrperson den parallelen Einsatz zu erleichtern.

Die Übungen zum gleichen Thema können auch nacheinander eingesetzt werden, um die Leistungsfähigkeit und Sicherheit zu testen.

Eine weitere Besonderheit der einzelnen Übungseinheiten ist die *Selbstkontrollmöglichkeit* und deren Gestaltung durch *motivierende* leicht verständliche *Spielformen*, meist mit figürlichen Lösungen in 4 verschiedenen Variationen.

Das exakt gegliederte Inhaltsverzeichnis mit Angabe des Lerninhalts, des Differenzierungsniveaus und der Art der Selbstkontrolle, der überschaubare Umfang von maximal 20 Aufgaben mit kurzem Arbeitsauftrag auf jeder Seite und die gute Verfügbarkeit als Kopiervorlage ermöglicht einen schnellen zielgerichteten Zugriff und damit einen effektiven Einsatz *in differenzierten Übungsphasen des Unterrichts, als kurze Lernstandskontrolle, im Förderunterricht, als Hausaufgaben oder in Vertretungsstunden*.

Diese Kopiervorlagen unterstützen gerade durch die selbstständig zu bearbeitenden und *selbst kontrollierbaren Aufgaben* die geforderte *Selbstständigkeit* der Lernenden.

In diesem Sinne – viel Spaß wünschen der Kohl-Verlag sowie

Jörg Krampe & Rolf Mittelmann

Teilbarkeit durch 2, 5, 10

Prüfe, ob die Zahlen durch 2, 5, 10 ohne Rest teilbar sind. Wenn ja, kreise diese Schlüsselzahlen ein. Verbinde im Bild die Punkte bei diesen Schlüsselzahlen in der Reihenfolge der Aufgaben.

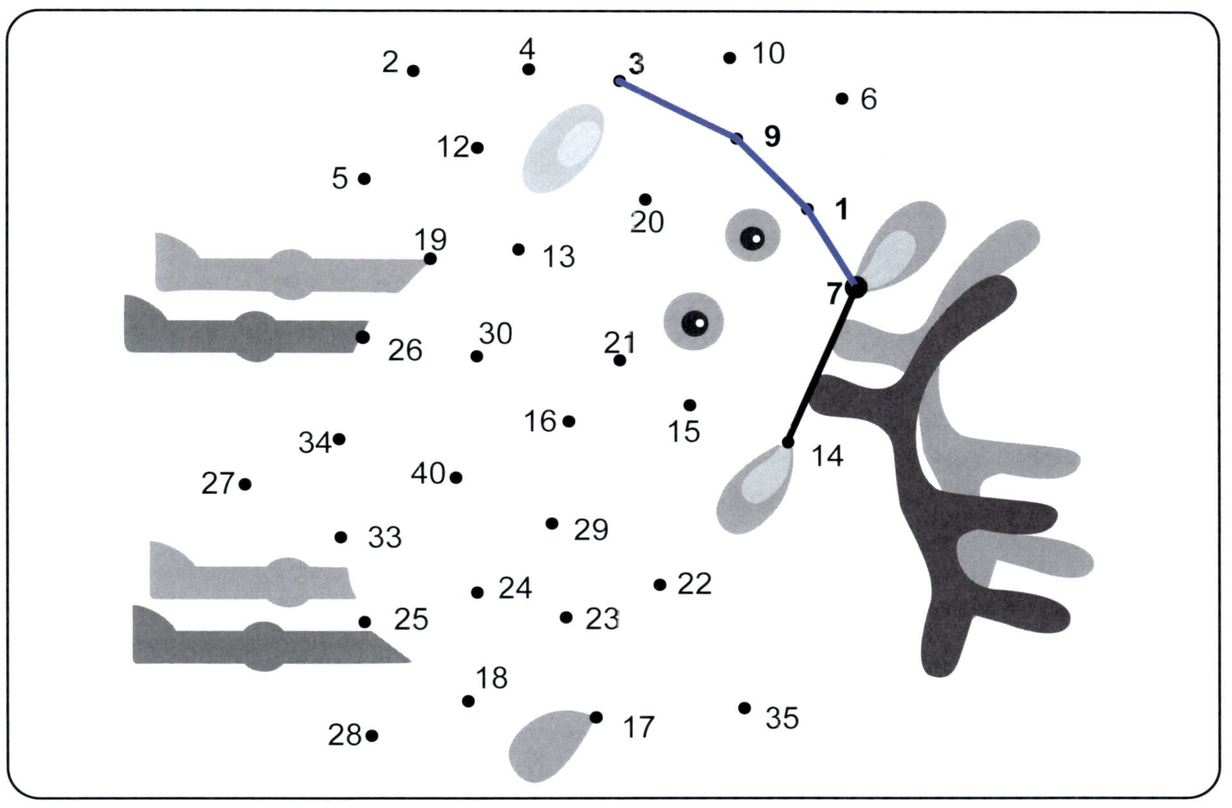

Zahl	teilbar durch		
	2	5	10
7635	3	7	9
6930	1	9	3
3737	6	4	8
1772	4	5	10
7215	11	12	16
1001	14	15	17
5516	13	18	20
4895	22	19	21
5000	26	34	33
5037	24	27	30
2695	28	25	26

Zahl	teilbar durch		
	2	5	10
636	18	27	31
7635	22	17	24
17.637	27	26	31
27.638	23	32	22
97.639	27	20	15
995	33	29	34
9994	16	18	14
19.993	24	12	4
29.992	21	10	0
49.991	8	26	2
99.990	15	14	7

KOHL VERLAG
MATHE-TRAINING
... zur Wiederholung & Festigung / Klasse 6 – Bestell-Nr. 13 026

– LÖSUNG –

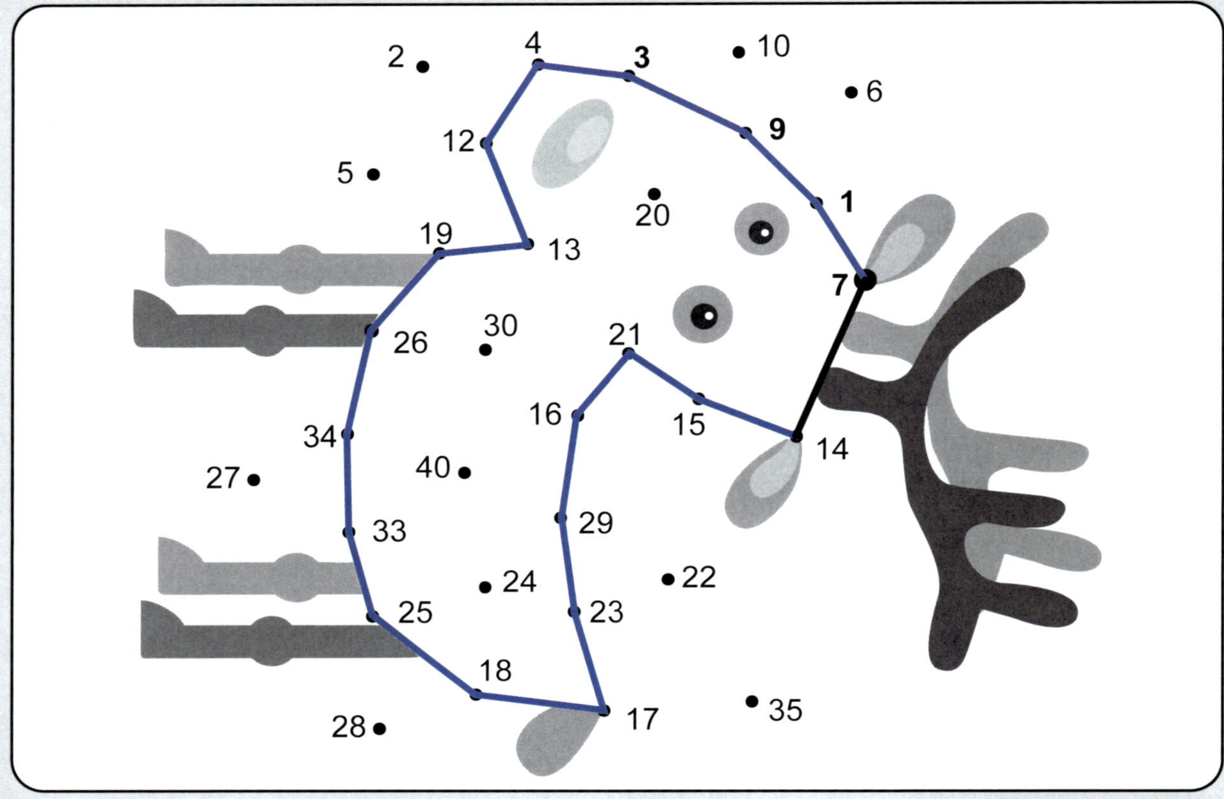

Zahl	teilbar durch		
	2	5	10
7635	3	**(7)**	9
6930	**(1)**	**(9)**	**(3)**
3737	6	4	8
1772	**(4)**	5	10
7215	11	**(12)**	16
1001	14	15	17
5516	**(13)**	18	20
4895	22	**(19)**	21
5000	**(26)**	**(34)**	**(33)**
5037	24	27	30
2695	28	**(25)**	26

Zahl	teilbar durch		
	2	5	10
636	**(18)**	27	31
7635	22	**(17)**	24
17.637	27	26	31
27.638	**(23)**	32	22
97.639	27	20	15
995	33	**(29)**	34
9994	**(16)**	18	14
19.993	24	12	4
29.992	**(21)**	10	0
49.991	8	26	2
99.990	**(15)**	**(14)**	**(7)**

BILD AUS PUNKTEN

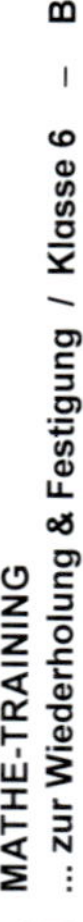

Teilbarkeit durch 3, 6, 9

2*

Prüfe mit Hilfe der Quersumme (QS), ob die Zahlen durch 3, 6, 9 ohne Rest teilbar sind. Wenn ja, kreise die Schlüsselzahlen ein. Verbinde im Bild die Punkte bei diesen Schlüsselzahlen in der Reihenfolge der Aufgaben.

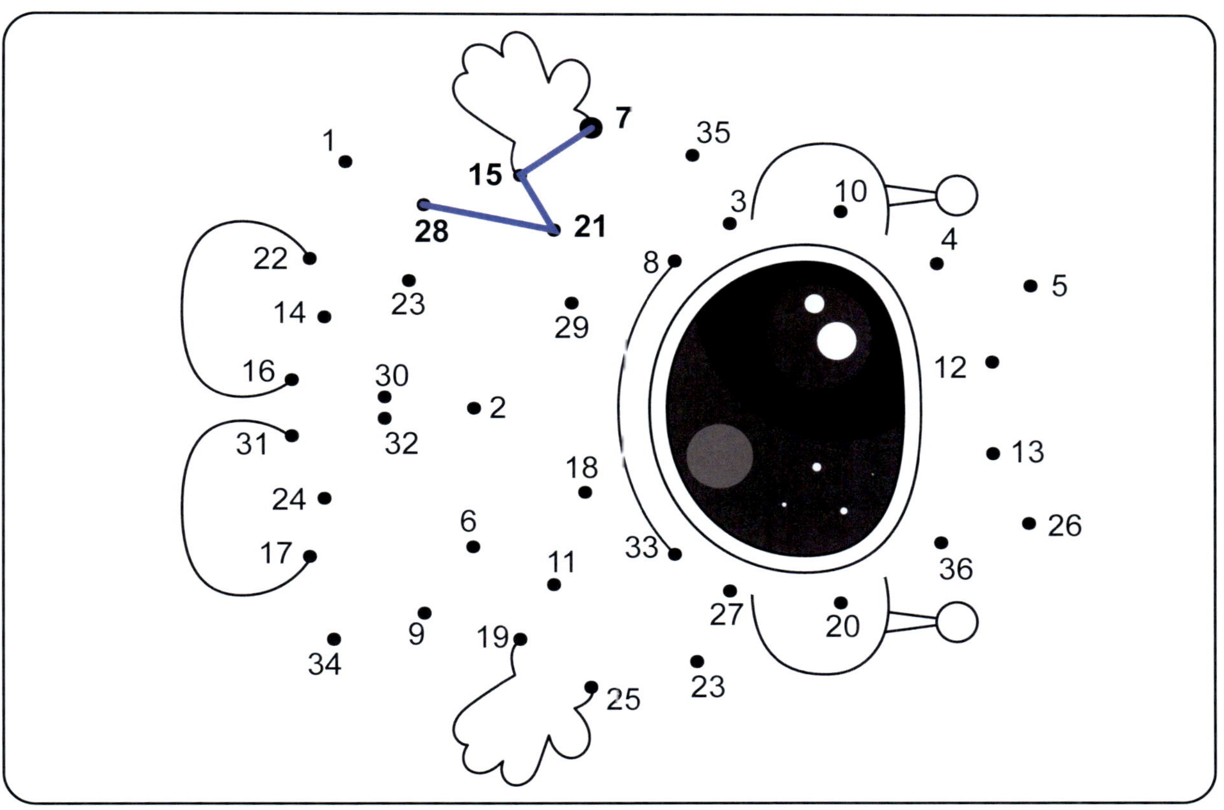

Zahl	QS	teilbar durch		
		3	6	9
7635	*21*	(7)	0	1
6930	*18*	(15)	(21)	(28)
3737	*20*	2	4	5
41.772		22	14	29
97.215		16	23	31
21.001		10	9	17
96.516		30	32	31
74.895		24	25	32
55.001		18	32	26
50.370		17	9	2
26.970		11	19	20

Zahl	QS	teilbar durch		
		3	6	9
31.536		25	33	27
31.636		34	26	18
31.736		32	26	19
32.736		20	36	6
33.736		5	12	19
34.736		26	11	18
134.736		13	12	5
434.736		4	10	3
434.836		2	9	16
434.936		11	18	5
344.946		8	7	1

BILD AUS PUNKTEN

KOHL VERLAG
MATHE-TRAINING
... zur Wiederholung & Festigung / Klasse 6 – Bestell-Nr. 13 026

Teilbarkeit durch 3, 6, 9

– LÖSUNG –

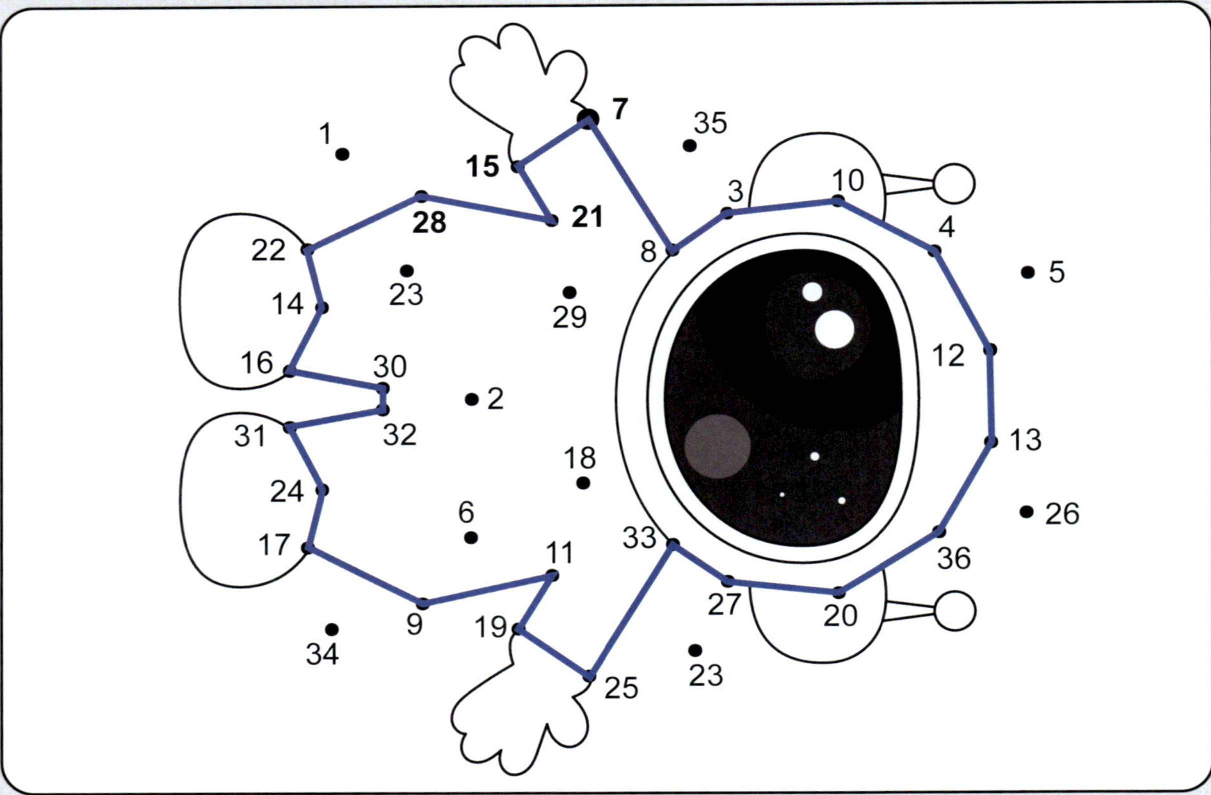

Zahl	QS	teilbar durch		
		3	6	9
7635	*21*	**7**	0	1
6930	*18*	**15**	**21**	**28**
3737	*20*	2	4	5
41.772	*21*	**22**	**14**	29
97.215	*24*	**16**	23	31
21.001	*4*	10	9	17
96.516	*27*	**30**	**32**	**31**
74.895	*33*	**24**	25	32
55.001	*11*	18	32	26
50.370	*15*	**17**	**9**	2
26.970	*24*	**11**	**19**	20

Zahl	QS	teilbar durch		
		3	6	9
31.536	*18*	**25**	**33**	**27**
31.636	*19*	34	26	18
31.736	*20*	32	26	19
32.736	*21*	**20**	**36**	6
33.736	*22*	5	12	19
34.736	*23*	26	11	18
134.736	*24*	**13**	**12**	5
434.736	*27*	**4**	**10**	**3**
434.836	*28*	2	9	16
434.936	*29*	11	18	5
344.946	*30*	**8**	**7**	1

BILD AUS PUNKTEN

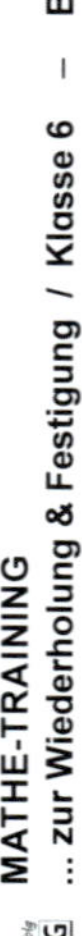
KOHL VERLAG Lernen mit Erfolg
MATHE-TRAINING
... zur Wiederholung & Festigung / Klasse 6 – Bestell-Nr. 13 026

Teilbarkeit durch 3, 4, 6, 9

3**

Prüfe, ob die Zahlen durch 3, 4, 6, 9 ohne Rest teilbar sind. Wenn ja, kreise die Schlüsselzahlen ein. Verbinde im Bild die Punkte bei diesen Schlüsselzahlen in der Reihenfolge der Aufgaben.

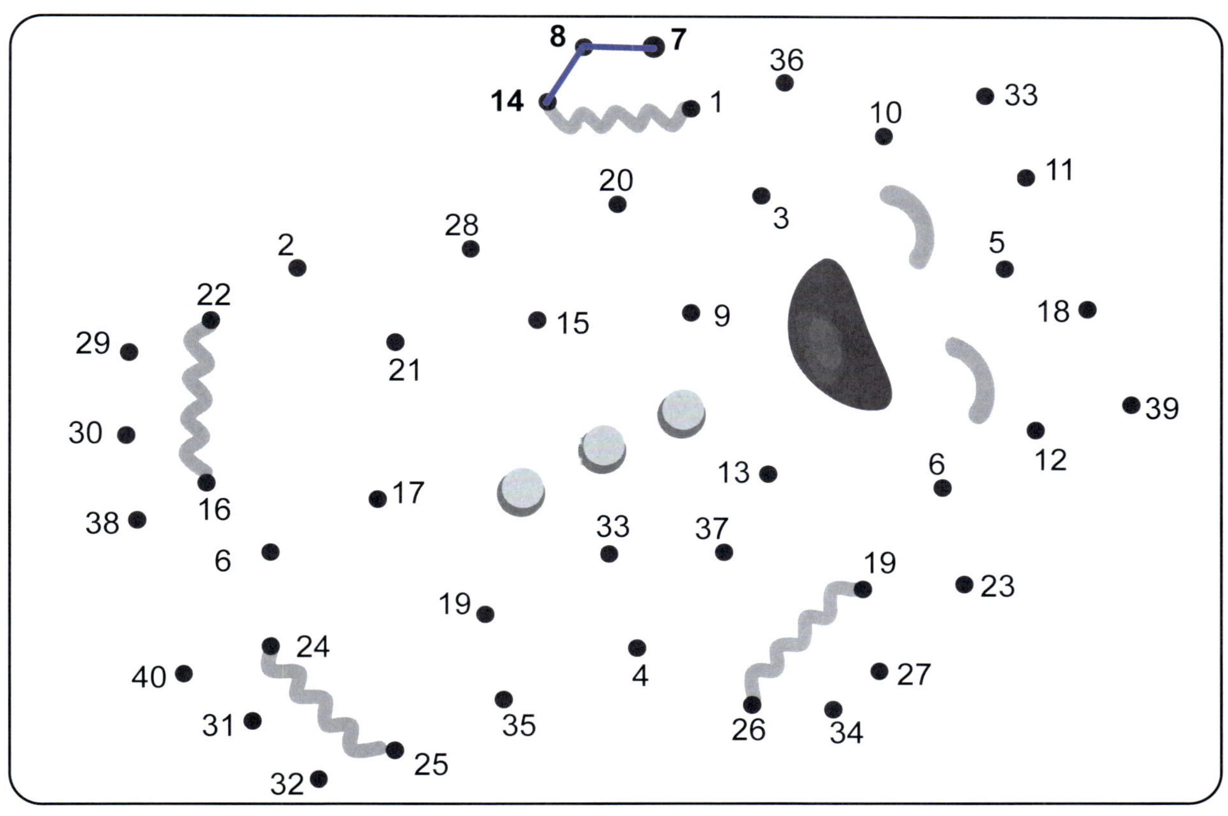

Zahl	teilbar durch			
	3	4	6	9
16.348	0	(7)	1	14
90.551	2	9	15	16
34.779	(8)	3	(14)	28
28.332	15	21	22	29
14.963	16	28	31	24
29.984	31	30	32	33
70.591	23	15	24	14
62.286	16	9	17	10
72.286	18	25	11	4
72.288	24	31	32	25
82.288	18	19	33	31

Zahl	teilbar durch			
	3	4	6	9
902.298	33	40	26	19
902.296	25	34	32	33
943.992	27	19	13	6
953.992	5	12	4	11
950.590	19	26	20	33
952.599	18	24	17	5
952.600	4	11	17	6
952.601	3	5	24	19
952.602	10	9	3	4
952.604	2	9	16	8
952.605	1	0	2	7

BILD AUS PUNKTEN

KOHL VERLAG MATHE-TRAINING ... zur Wiederholung & Festigung / Klasse 6 – Bestell-Nr. 13 026

Teilbarkeit durch 3, 4, 6, 9

3**

– LÖSUNG –

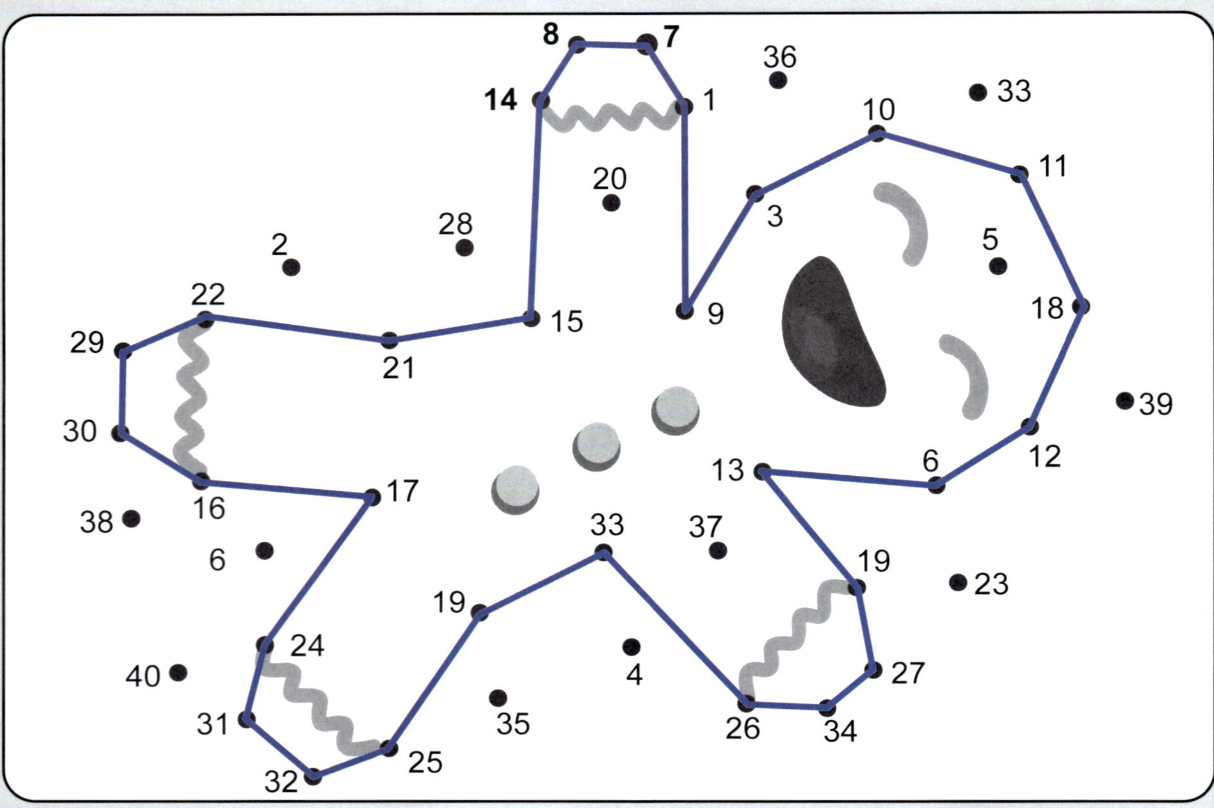

Zahl	teilbar durch			
	3	4	6	9
16.348	0	**(7)**	1	14
90.551	2	9	15	16
34.878	**(8)**	3	**(14)**	28
28.332	**(15)**	**(21)**	**(22)**	**(29)**
14.963	16	28	31	24
29.984	31	**(30)**	32	33
70.591	23	15	24	14
62.286	**(16)**	9	**(17)**	10
72.286	18	25	11	4
72.288	**(24)**	**(31)**	**(32)**	**(25)**
82.288	18	**(19)**	33	31

Zahl	teilbar durch			
	3	4	6	9
902.298	**(33)**	40	**(26)**	19
902.296	25	**(34)**	32	33
943.992	**(27)**	**(19)**	**(13)**	**(6)**
953.992	5	**(12)**	4	11
950.590	19	26	20	33
952.599	**(18)**	24	17	5
952.600	4	**(11)**	17	6
952.601	3	5	24	19
952.602	**(10)**	9	**(3)**	4
952.604	2	**(9)**	16	8
952.605	**(1)**	0	2	**(7)**

BILD AUS PUNKTEN

KOHL VERLAG
MATHE-TRAINING ... zur Wiederholung & Festigung / Klasse 6 – Bestell-Nr. 13 026

Runden auf die 1. oder 2. Stelle

4

Runde auf die unterstrichene Stelle und male nur die Felder mit den gerundeten Zahlen mit einer Farbe aus.

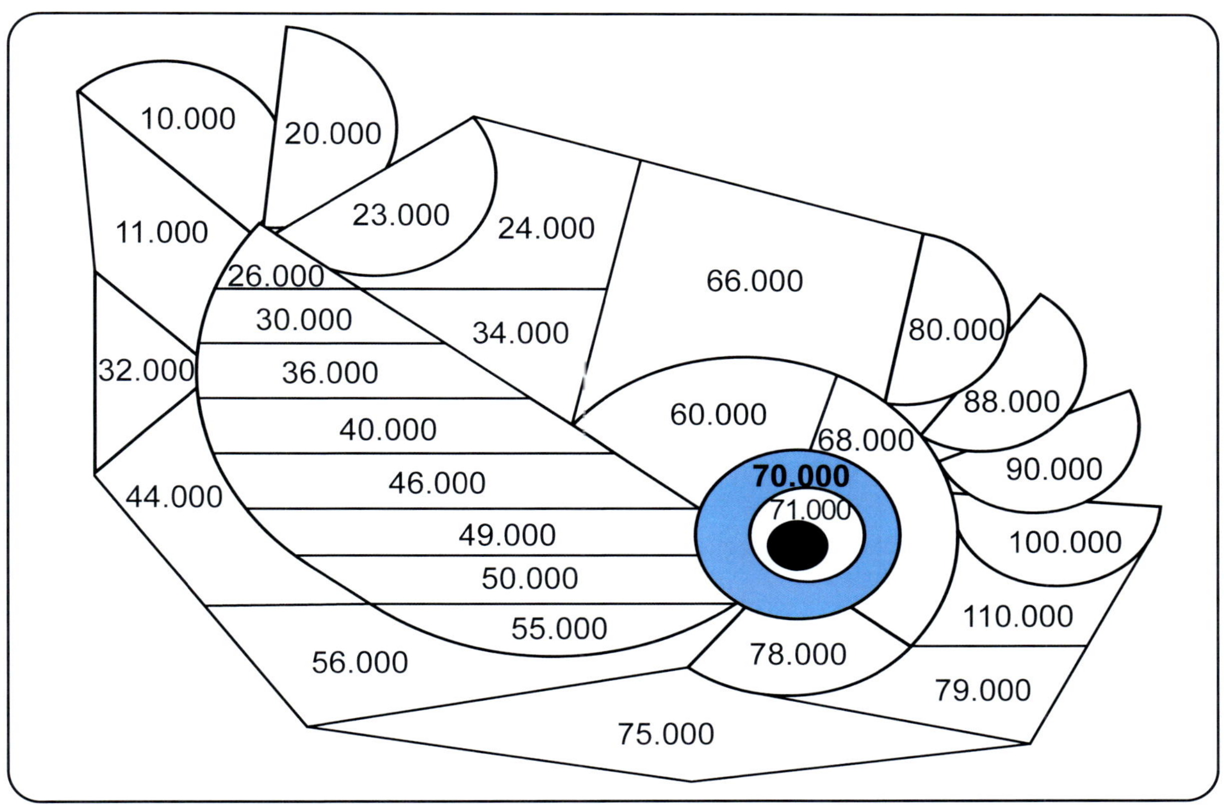

Runden auf die 1. Stelle	Ergebnis
74.987 ~	**70.000**
85.222 ~	
56.006 ~	
28.888 ~	
75.000 ~	
10.999 ~	
24.857 ~	
52.555 ~	
44.709 ~	
95.509 ~	

Runden auf die 2. Stelle	Ergebnis
48.713 ~	
25.940 ~	
70.649 ~	
23.209 ~	
45.570 ~	
68.009 ~	
77.666 ~	
54.891 ~	
88.499 ~	
35.818 ~	

AUSMALEN

MATHE-TRAINING ... zur Wiederholung & Festigung / Klasse 6 – Bestell-Nr. 13 026
KOHL VERLAG

Runden auf die 1. oder 2. Stelle

– LÖSUNG –

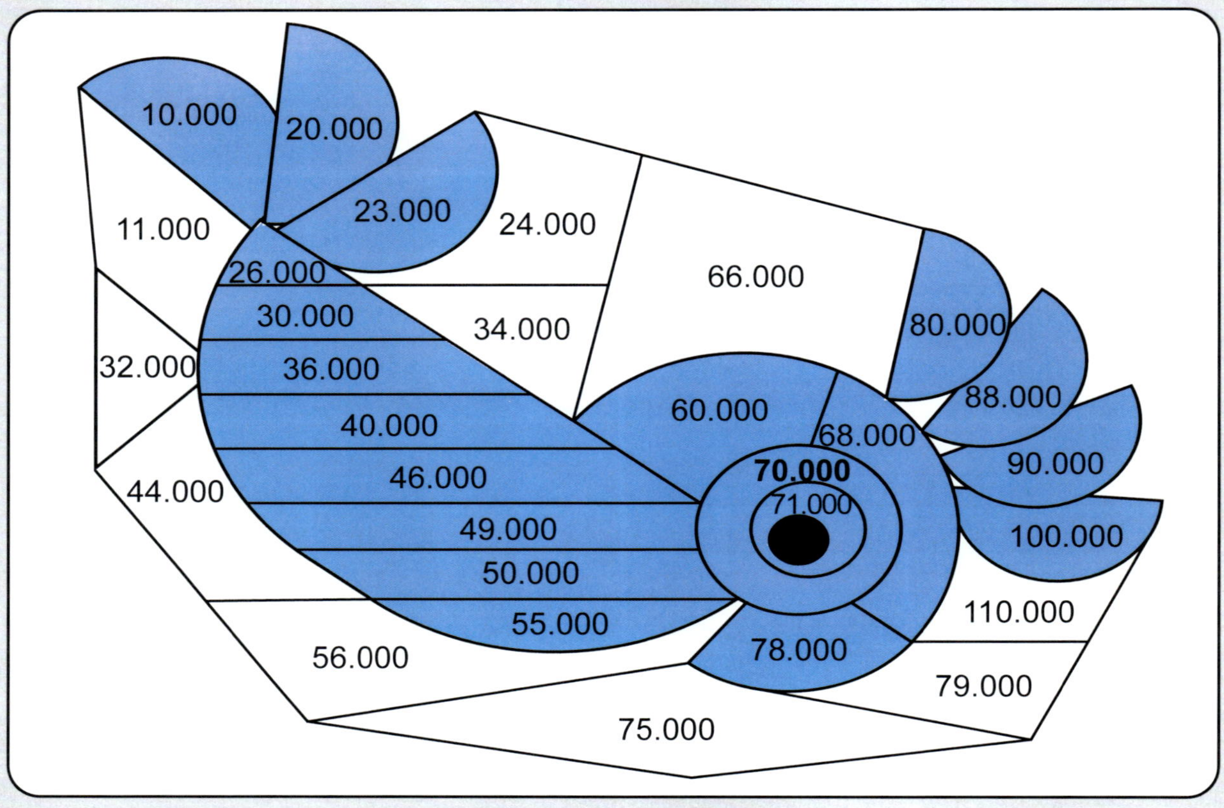

Runden auf die 1. Stelle	Ergebnis
74.987 ~	**70.000**
85.222 ~	**90.000**
56.006 ~	**60.000**
28.888 ~	**30.000**
75.000 ~	**80.000**
10.999 ~	**10.000**
24.857 ~	**20.000**
52.555 ~	**50.000**
44.709 ~	**40.000**
95.509 ~	**100.000**

Runden auf die 2. Stelle	Ergebnis
48.713 ~	**49.000**
25.940 ~	**26.000**
70.649 ~	**71.000**
23.209 ~	**23.000**
45.570 ~	**46.000**
68.009 ~	**68.000**
77.666 ~	**78.000**
54.891 ~	**55.000**
88.499 ~	**88.000**
35.818 ~	**36.000**

MATHE-TRAINING
... zur Wiederholung & Festigung / Klasse 6 – Bestell-Nr. 13 026
KOHL VERLAG

Runden auf verschiedene Stellen

5*

Runde auf die unterstrichene Stelle und male nur die Felder mit den gerundeten Zahlen mit einer Farbe aus.

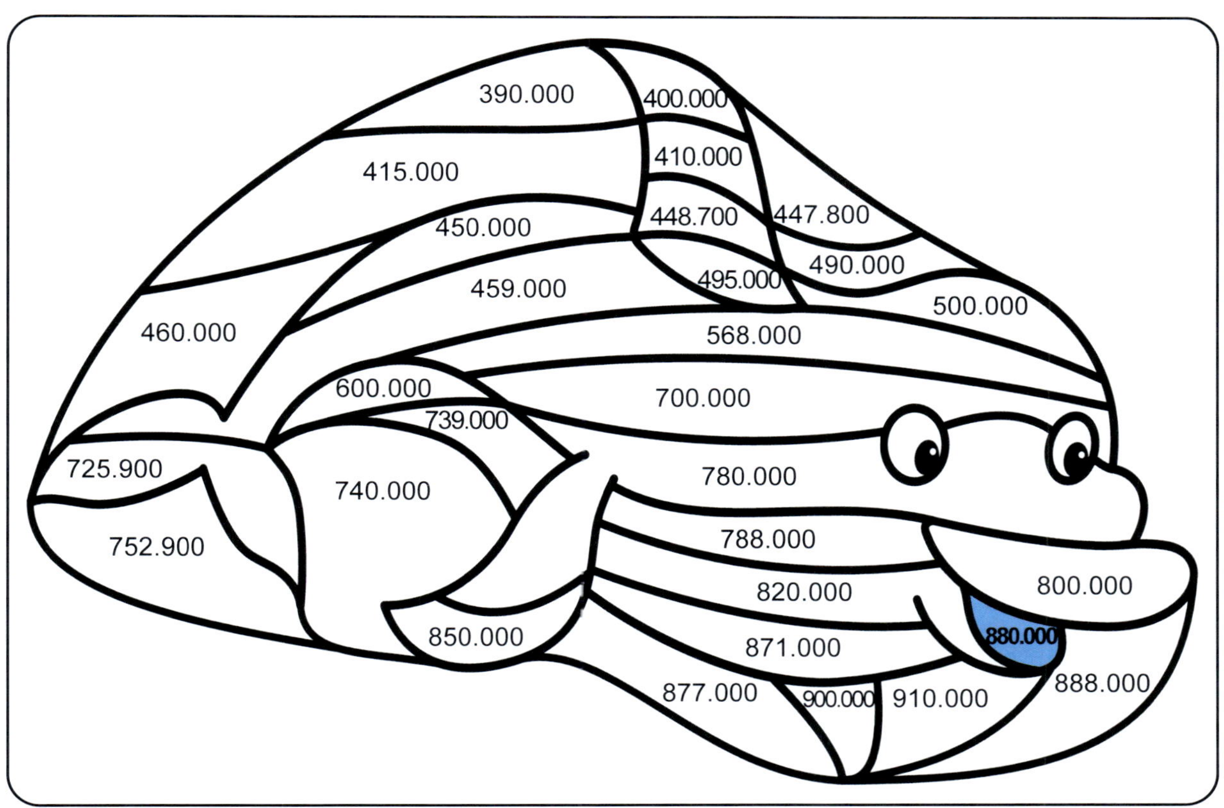

auf unterstrichene Stelle runden	Ergebnis
879.652 ~	**880.000**
749.222 ~	
459.007 ~	
738.666 ~	
495.488 ~	
850.902 ~	
788.293 ~	
870.882 ~	
449.999 ~	
495.509 ~	

auf unterstrichene Stelle runden	Ergebnis
448.713 ~	
568.099 ~	
725.940 ~	
823.209 ~	
804.470 ~	
570.649 ~	
777.666 ~	
454.891 ~	
899.951 ~	
405.818 ~	

AUSMALEN

KOHL VERLAG – Lernen mit Erfolg
MATHE-TRAINING ... zur Wiederholung & Festigung / Klasse 6 – Bestell-Nr. 13 026

– LÖSUNG –

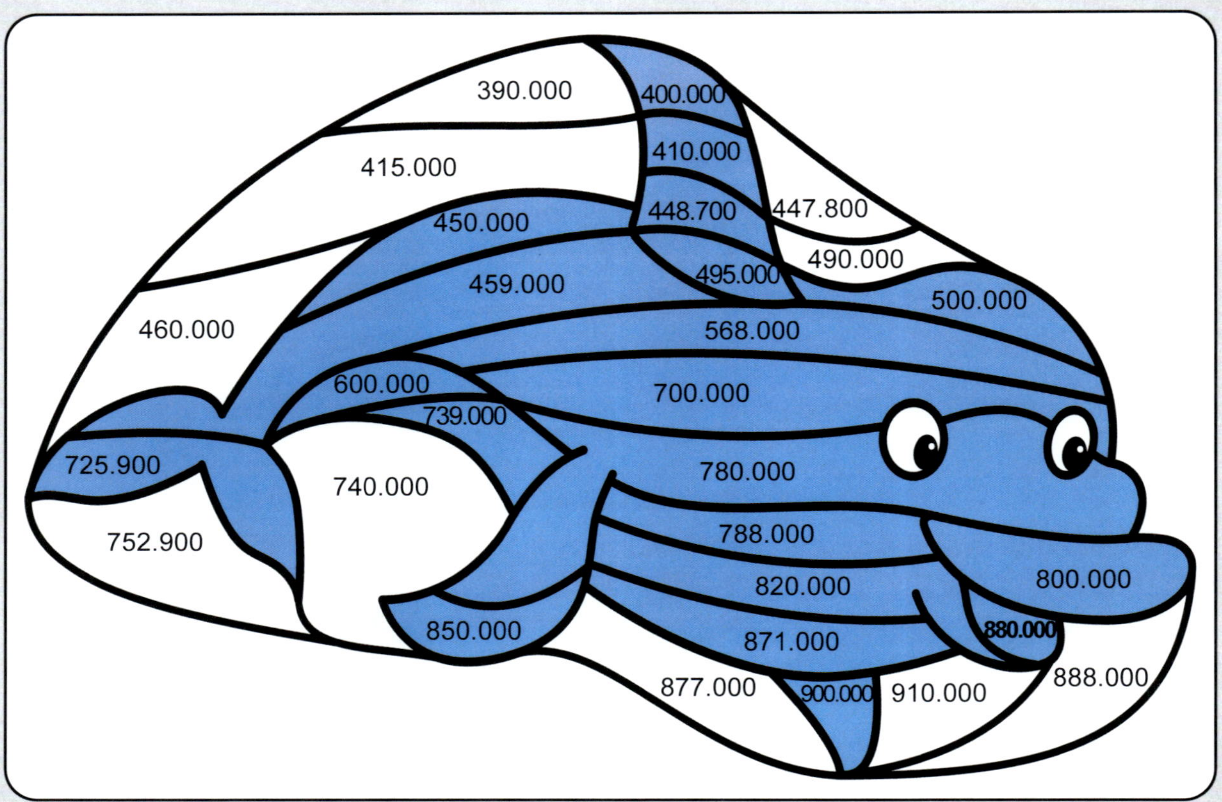

auf unterstrichene Stelle runden	Ergebnis
8$\underline{7}$9.652 ~	**880.000**
$\underline{7}$49.222 ~	**700.000**
45$\underline{9}$.007 ~	**459.000**
73$\underline{8}$.666 ~	**739.000**
49$\underline{5}$.488 ~	**495.000**
8$\underline{5}$0.902 ~	**850.000**
78$\underline{8}$.293 ~	**788.000**
87$\underline{0}$.882 ~	**871.000**
$\underline{4}$49.999 ~	**400.000**
$\underline{4}$95.509 ~	**500.000**

auf unterstrichene Stelle runden	Ergebnis
448.$\underline{7}$13 ~	**448.700**
56$\underline{8}$.099 ~	**568.000**
725.$\underline{9}$40 ~	**725.900**
8$\underline{2}$3.209 ~	**820.000**
8$\underline{0}$4.470 ~	**800.000**
$\underline{5}$70.649 ~	**600.000**
7$\underline{7}$7.666 ~	**780.000**
4$\underline{5}$4.891 ~	**450.000**
899.$\underline{9}$51 ~	**900.000**
4$\underline{0}$5.818 ~	**410.000**

AUSMALEN

KOHL VERLAG
MATHE-TRAINING ... zur Wiederholung & Festigung / Klasse 6 – Bestell-Nr. 13 026

Runden auf alle Stellen einer Zahl

6**

Runde auf die unterstrichene Stelle und male nur die Felder mit den gerundeten Zahlen mit einer Farbe aus.

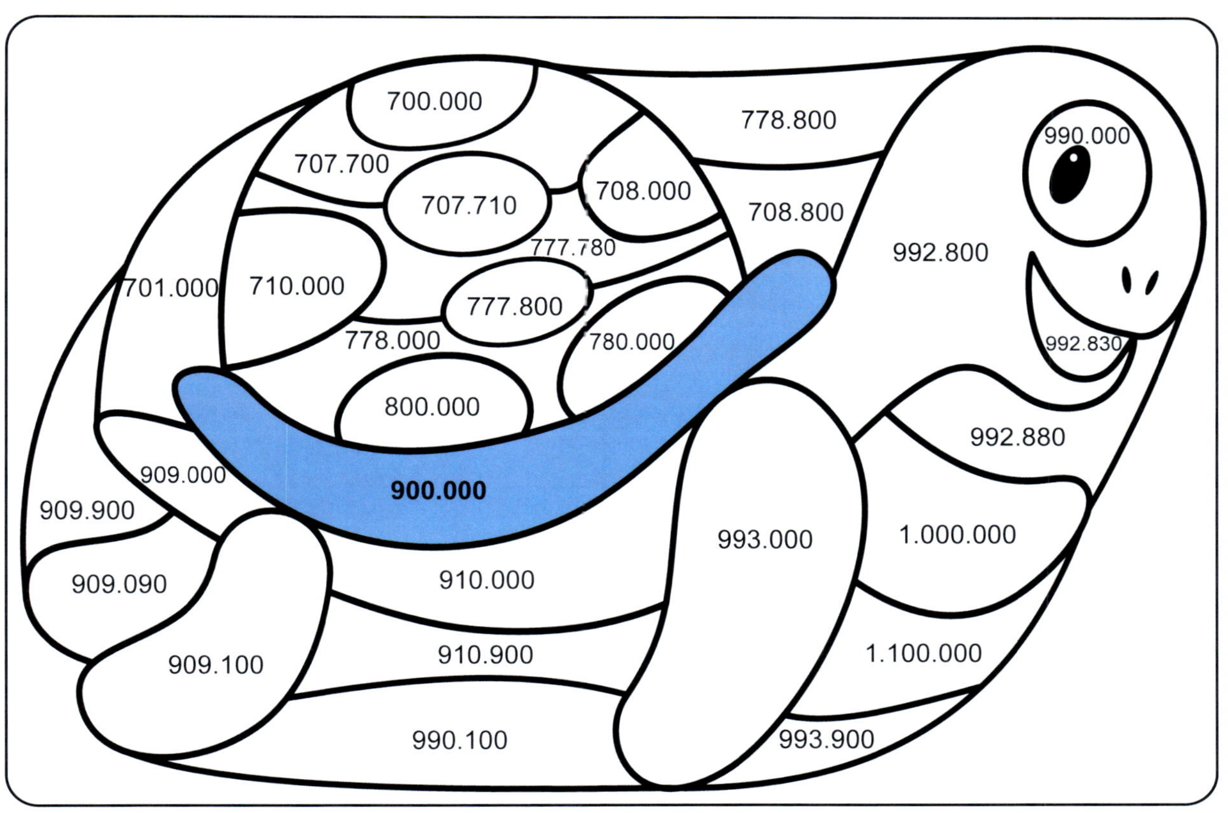

auf unterstrichene Stelle runden	Ergebnis
$\underline{9}$09.090 ~	**900.000**
9$\underline{0}$9.090 ~	
90$\underline{9}$.090 ~	
909.$\underline{0}$90 ~	
909.0$\underline{9}$0 ~	
$\underline{7}$77.777 ~	
7$\underline{7}$7.777 ~	
77$\underline{7}$.777 ~	
777.$\underline{7}$77 ~	
777.7$\underline{7}$7 ~	

auf unterstrichene Stelle runden	Ergebnis
$\underline{7}$07.707 ~	
7$\underline{0}$7.707 ~	
70$\underline{7}$.707 ~	
707.$\underline{7}$07 ~	
707.7$\underline{0}$7 ~	
$\underline{9}$92.829 ~	
9$\underline{9}$2.829 ~	
99$\underline{2}$.829 ~	
992.$\underline{8}$29 ~	
992.8$\underline{2}$9 ~	

AUSMALEN

MATHE-TRAINING ... zur Wiederholung & Festigung / Klasse 6 – Bestell-Nr. 13 026

Runden auf alle Stellen einer Zahl

6**

– LÖSUNG –

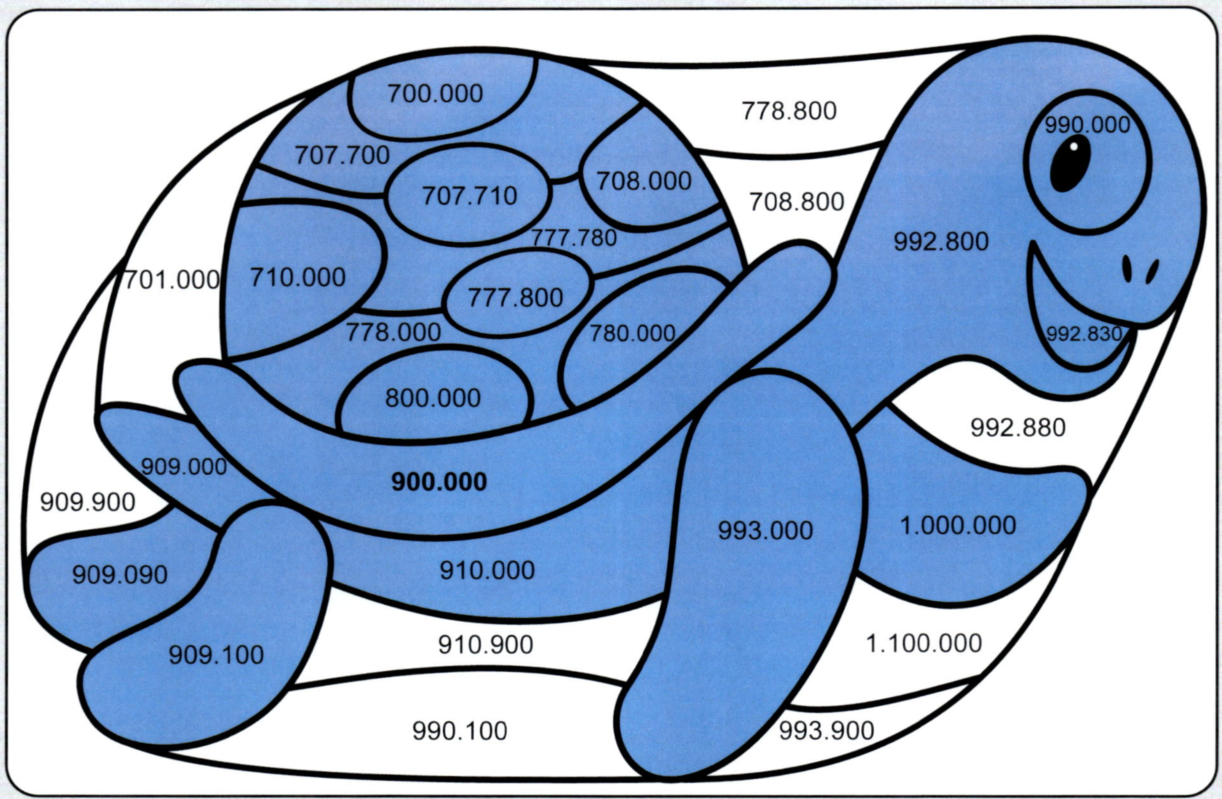

auf.unterstriche-ne.Stelle.runden	Ergebnis
909.090 ~	**900.000**
909.090 ~	**910.000**
909.090 ~	**909.000**
909.090 ~	**909.100**
909.090 ~	**909.090**
777.777 ~	**800.000**
777.777 ~	**780.000**
777.777 ~	**778.000**
777.777 ~	**777.800**
777.777 ~	**777.780**

auf.unterstriche-ne.Stelle.runden	Ergebnis
707.707 ~	**700.000**
707.707 ~	**710.000**
707.707 ~	**708.000**
707.707 ~	**707.700**
707.707 ~	**707.710**
992.829 ~	**1.000.000**
992.829 ~	**990.000**
992.829 ~	**993.000**
992.829 ~	**992.800**
992.829 ~	**992.830**

AUSMALEN

MATHE-TRAINING
... zur Wiederholung & Festigung / Klasse 6 – Bestell-Nr. 13 026
KOHL VERLAG

Primfaktorzerlegung

Zerlege die Zahl in Primfaktoren und ordne aus dem Schlüssel die richtigen Buchstaben zu.

Zahl	Primfaktor-zerlegung	Silbe
6 =	**2 • 3**	Hun
8 =		
12 =		
16 =		
18 =		
20 =		
22 =		
24 =		
27 =		
28 =		
30 =		

Zahl	Primfaktor-zerlegung	Silbe
50 =		
51 =		
52 =		
53 =		
54 =		
100 =		
101 =		
102 =		
104 =		
105 =		
110 =		

Schlüssel:

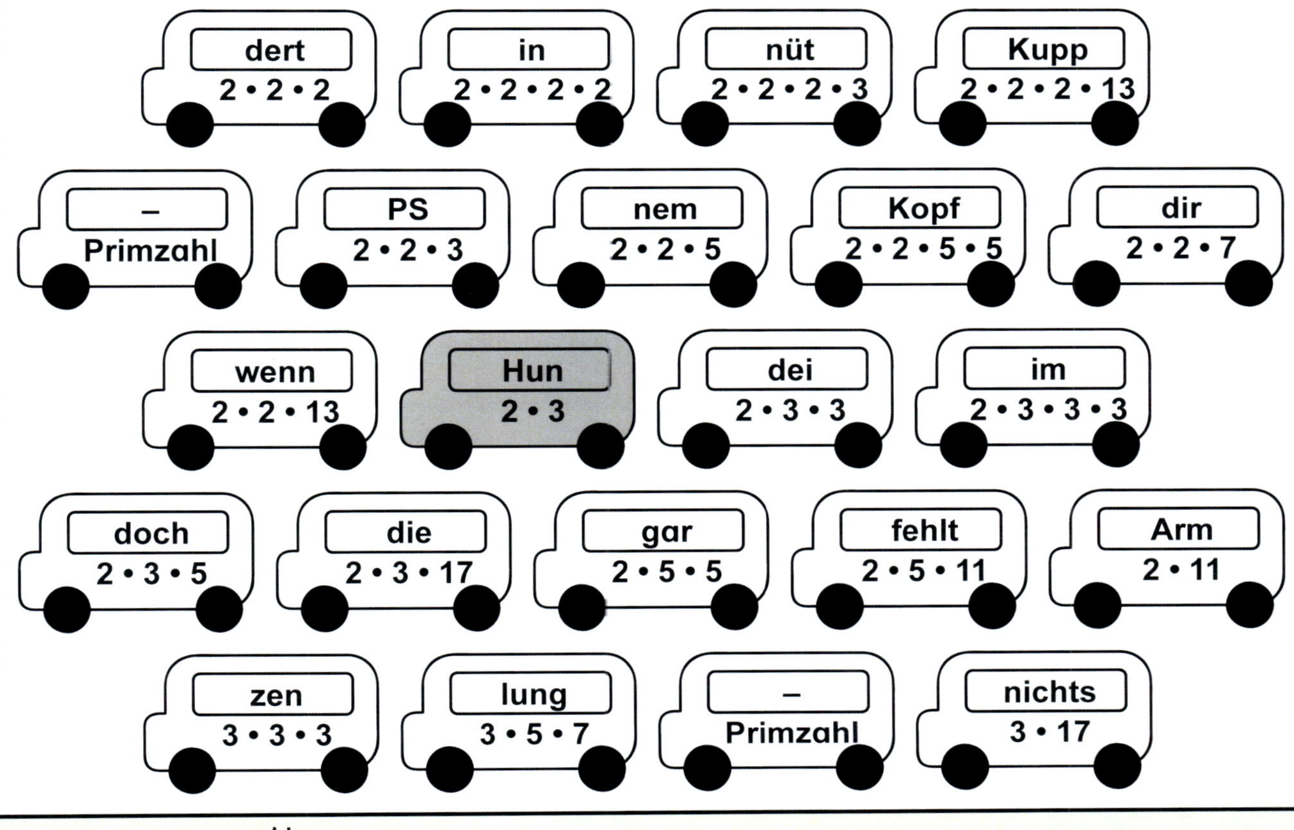

Lösungssatz: Hun – ____ ____ ____ ______ – ______ ______ ______ – ______

______ ______ ______ ______, ______ ____ ______ ______ ______ – ______

______.

GEHEIMSCHRIFT

MATHE-TRAINING ... zur Wiederholung & Festigung / Klasse 6 – Bestell-Nr. 13 026

– LÖSUNG –

Zahl	Primfaktor-zerlegung	Silbe
6 =	2 • 3	Hun
8 =	2 • 2 • 2	dert
12 =	2 • 2 • 3	PS
16 =	2 • 2 • 2 • 2	in
18 =	2 • 3 • 3	dei
20 =	2 • 2 • 5	nem
22 =	2 • 11	Arm
24 =	2 • 2 • 2 • 3	nüt
27 =	3 • 3 • 3	zen
28 =	2 • 2 • 7	dir
30 =	2 • 3 • 5	doch

Zahl	Primfaktor-zerlegung	Silbe
50 =	2 • 5 • 5	gar
51 =	3 • 17	nichts
52 =	2 • 2 • 13	wenn
53 =	Primzahl	——
54 =	2 • 3 • 3 • 3	im
100 =	2 • 2 • 5 • 5	Kopf
101 =	Primzahl	——
102 =	2 • 3 • 17	die
104 =	2 • 2 • 2 • 13	Kupp
105 =	3 • 5 • 7	lung
110 =	2 • 5 • 11	fehlt

Lösungssatz:

Hundert PS in deinem Arm nützen dir doch gar nichts, wenn im Kopf die Kupplung fehlt.

GEHEIMSCHRIFT

KOHL VERLAG Lernen mit Erfolg
MATHE-TRAINING ... zur Wiederholung & Festigung / Klasse 6 – Bestell-Nr. 13 026

ggT und kgV

8*

Bestimme den größten gemeinsamen Teiler (ggT) oder das kleinste gemeinsame Vielfache (kgV). Ordne aus dem Schlüssel die richtigen Buchstaben zu.

Zahlen	ggT	Silbe
8, 12	**4**	Das
6, 15		
12, 18		
15, 25		
16, 30		
63, 18		
39, 52		
110, 50		
16, 104		
105, 28		

Zahlen	kgV	Silbe
8, 12		
6, 15		
12, 18		
18, 8		
25, 75		
14, 21		
12, 17		
12, 16		
12, 15		
12, 14		

Schlüssel:

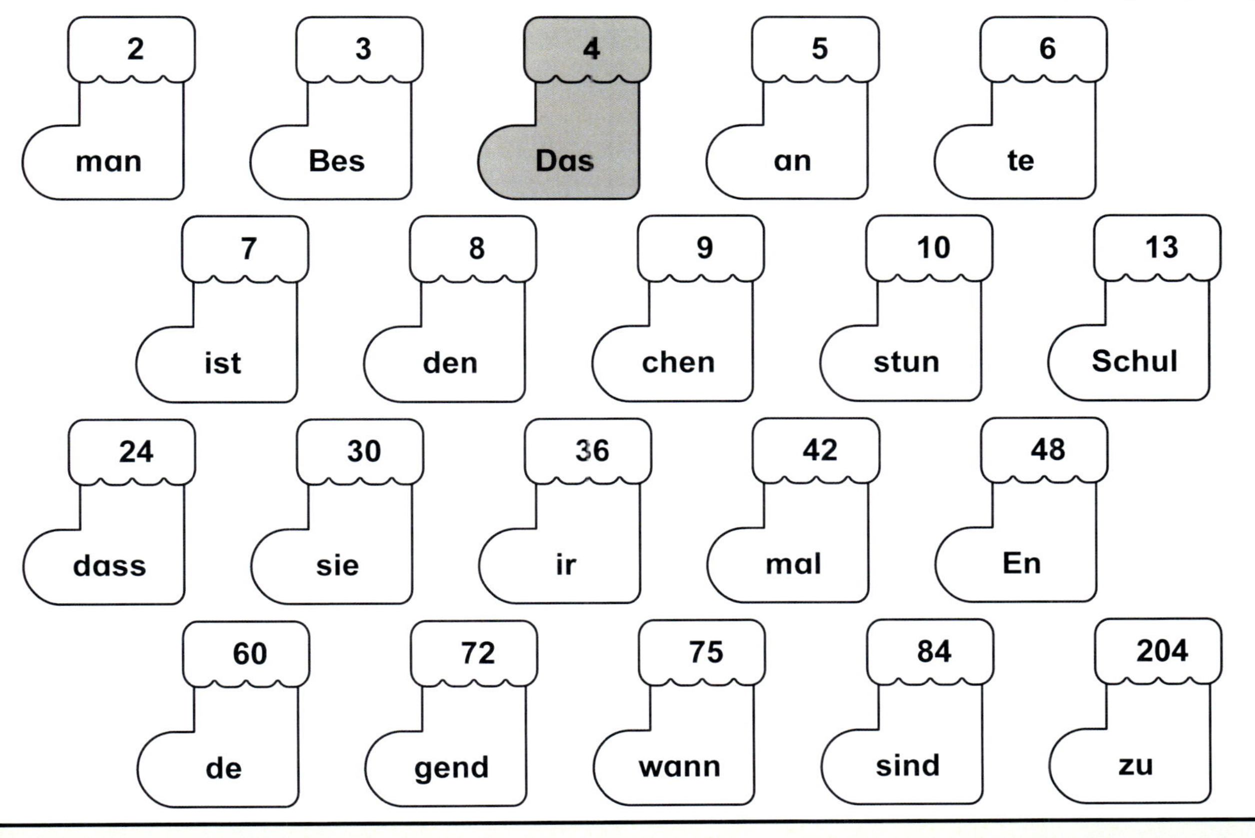

Lösungssatz: Das ____–____ ___ _____–_____ ______–_____–_____

____, _____ _____ ____–_____–______ _____ ____ ___–___ ______.

GEHEIMSCHRIFT

MATHE-TRAINING … zur Wiederholung & Festigung / Klasse 6 – Bestell-Nr. 13 026
KOHL VERLAG

– LÖSUNG –

Zahlen	ggT	Silbe
8, 12	**4**	**Das**
6, 15	**3**	**Bes**
12, 18	**6**	**te**
15, 25	**5**	**an**
16, 30	**2**	**man**
63, 18	**9**	**chen**
39, 52	**13**	**Schul**
110, 50	**10**	**stun**
16, 104	**8**	**den**
105, 28	**7**	**ist**

Zahlen	kgV	Silbe
8, 12	**24**	**dass**
6, 15	**30**	**sie**
12, 18	**36**	**ir**
18, 8	**72**	**gend**
25, 75	**75**	**wann**
14, 21	**42**	**mal**
12, 17	**204**	**zu**
12, 16	**48**	**En**
12, 15	**60**	**de**
12, 14	**84**	**sind**

Lösungssatz:
Das Beste an manchen Schulstunden ist, dass sie irgendwann mal zu Ende sind.

MATHE-TRAINING ... zur Wiederholung & Festigung / Klasse 6 – Bestell-Nr. 13 026

ggT und kgV

9**

Bestimme den größten gemeinsamen Teiler (ggT) oder das kleinste gemeinsame Vielfache (kgV). Ordne aus dem Schlüssel die richtigen Buchstaben zu.

Zahlen	ggT	Silbe
8, 12, 16	4	Eine
8, 12, 14		
6, 12, 18		
35, 50, 65		
52, 26, 65		
27, 81, 30		
100, 90, 70		
60, 48, 108		
27, 99, 81		
63, 56, 49		

Zahlen	kgV	Silbe
4, 8, 12		
6, 15, 20		
14, 21, 35		
8, 12, 16		
3, 7, 6		
6, 18, 27		
5, 15, 25		
5, 15, 30		
5, 15, 35		
5, 15, 40		

Schlüssel:

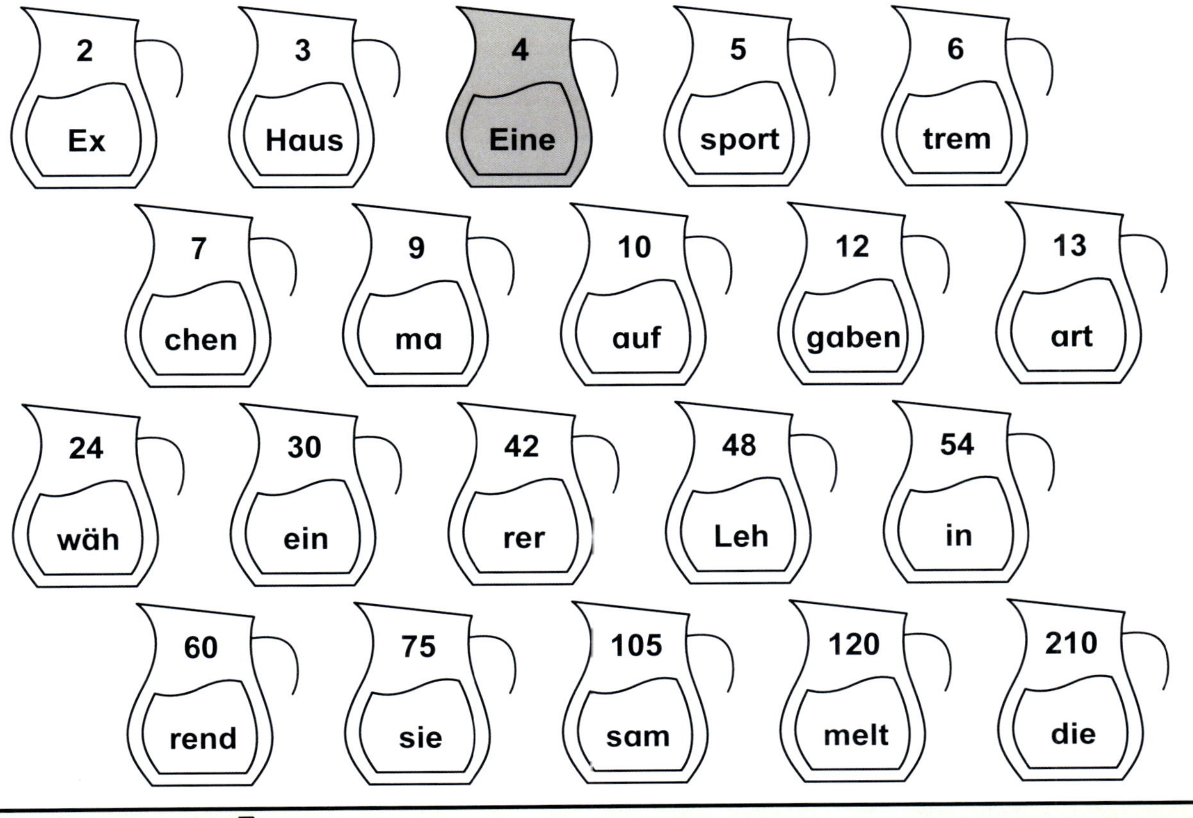

Lösungssatz: Eine ____–____–____–____: ____–____–____ ____–____, ____–____ ____ ____–____–____ ____ ____–____– ____.

GEHEIMSCHRIFT

MATHE-TRAINING ... zur Wiederholung & Festigung / Klasse 6 – Bestell-Nr. 13 026

– LÖSUNG –

Zahlen	ggT	Silbe
8, 12, 16	**4**	**eine**
8, 12, 14	**2**	**Ex**
6, 12, 18	**6**	**trem**
35, 50, 65	**5**	**sport**
52, 26, 65	**13**	**art**
27, 81, 30	**3**	**Haus**
100, 90, 70	**10**	**auf**
60, 48, 108	**12**	**gaben**
27, 99, 81	**9**	**ma**
63, 56, 49	**7**	**chen**

Zahlen	kgV	Silbe
4, 8, 12	**24**	**wäh**
6, 15, 20	**60**	**rend**
14, 21, 35	**210**	**die**
8, 12, 16	**48**	**Leh**
3, 7, 6	**42**	**rer**
6, 18, 27	**54**	**in**
5, 15, 25	**75**	**sie**
5, 15, 30	**30**	**ein**
5, 15, 35	**105**	**sam**
5, 15, 40	**120**	**melt**

Lösungssatz:

Eine Extremsportart: Hausaufgaben machen, während die Lehrerin sie einsammelt.

GEHEIMSCHRIFT

KOHL VERLAG Lernen mit Erfolg
MATHE-TRAINING
... zur Wiederholung & Festigung / Klasse 6 – Bestell-Nr. 13 026

Brüche darstellen

Vergleiche die Brüche mit den Abbildungen und ordne richtig zu.
Schneide die Puzzleteile aus und lege sie passend im Spielplan auf.

Puzzleteile:

Spielplan:

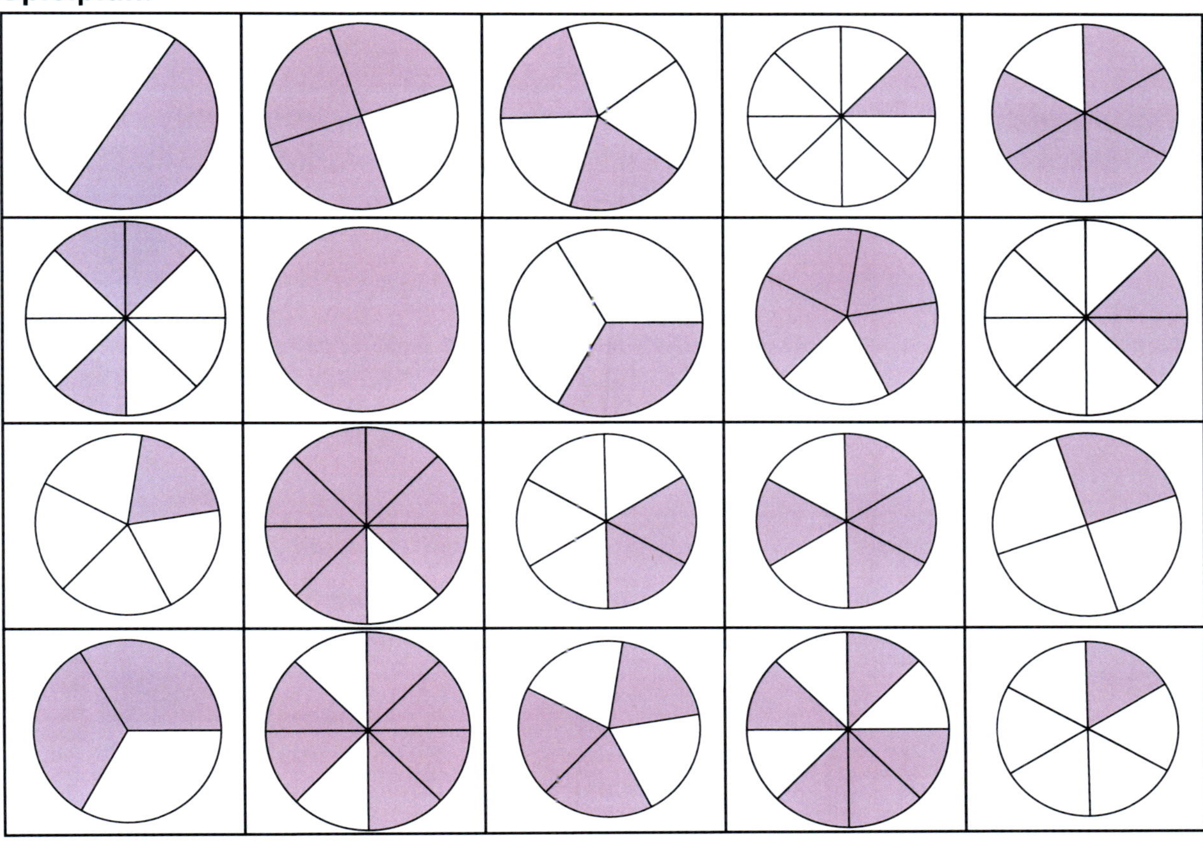

PUZZLE

KOHL VERLAG Lernen mit Erfolg
MATHE-TRAINING ... zur Wiederholung & Festigung / Klasse 6 – Bestell-Nr. 13 026

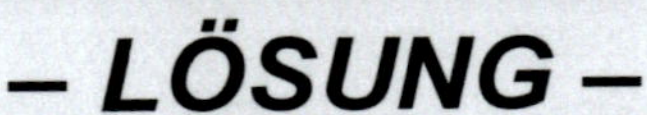

Puzzleteile:

Spielplan:

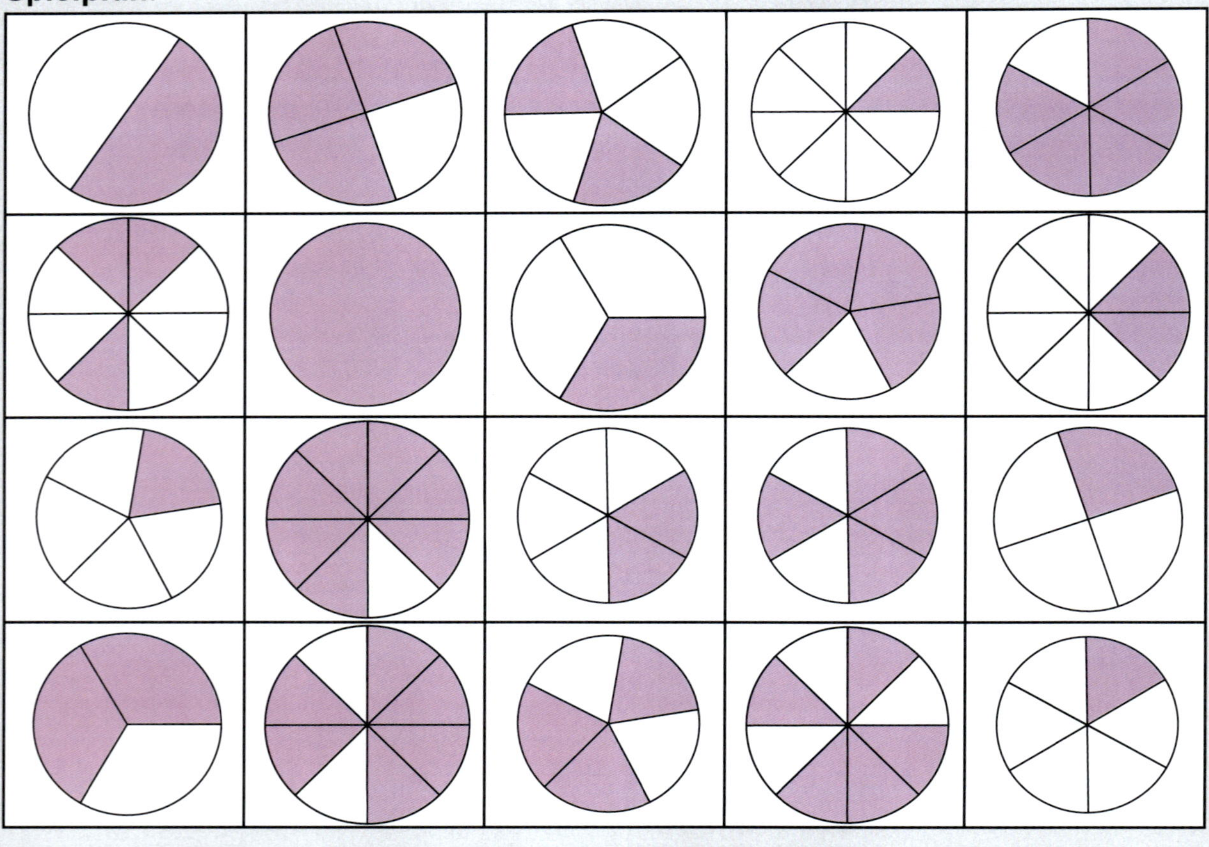

PUZZLE

MATHE-TRAINING
... zur Wiederholung & Festigung / Klasse 6 – Bestell-Nr. 13 026

KOHL VERLAG

Brüche darstellen

11*

Vergleiche die Brüche mit den Abbildungen und ordne richtig zu.
Schneide die Puzzleteile aus und lege sie passend im Spielplan auf.

Puzzleteile:

Spielplan:

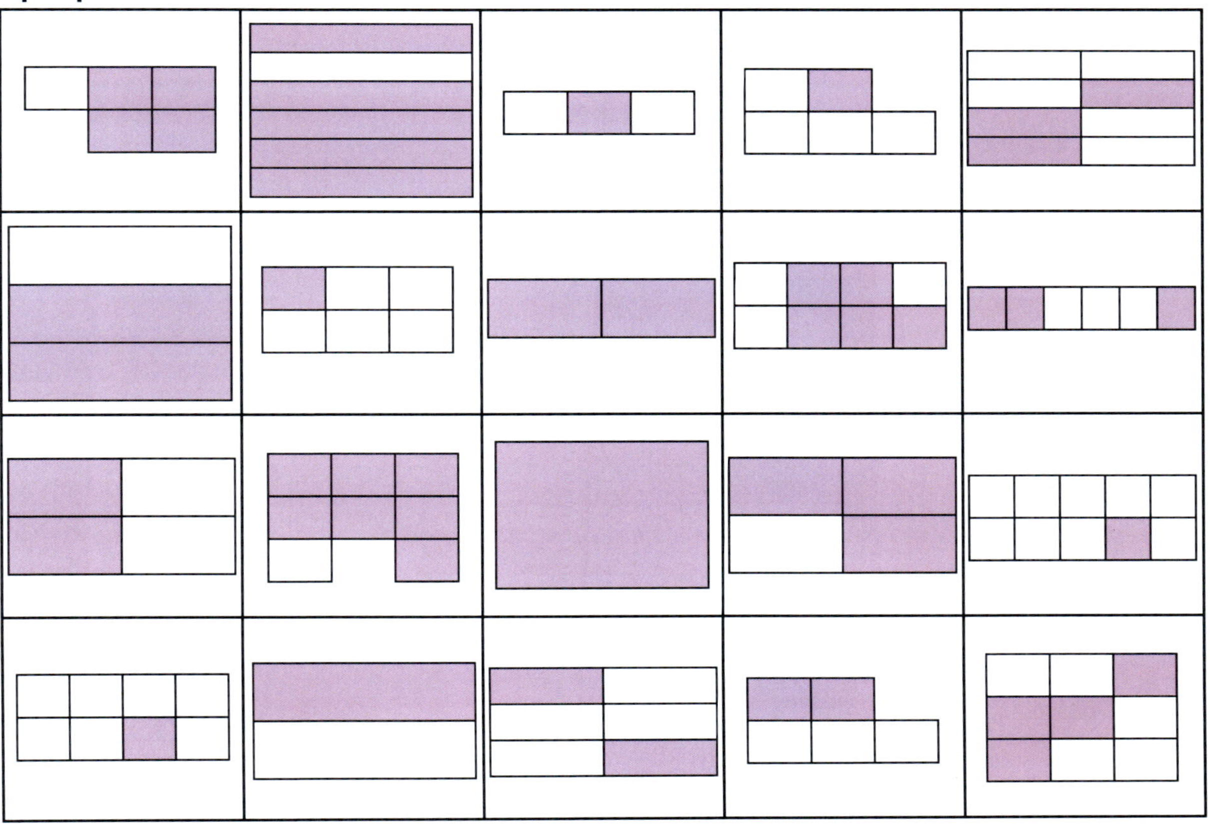

PUZZLE

MATHE-TRAINING
... zur Wiederholung & Festigung / Klasse 6 – Bestell-Nr. 13 026

KOHL VERLAG

Brüche darstellen

11*

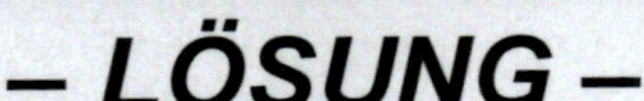

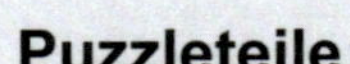

Spielplan:

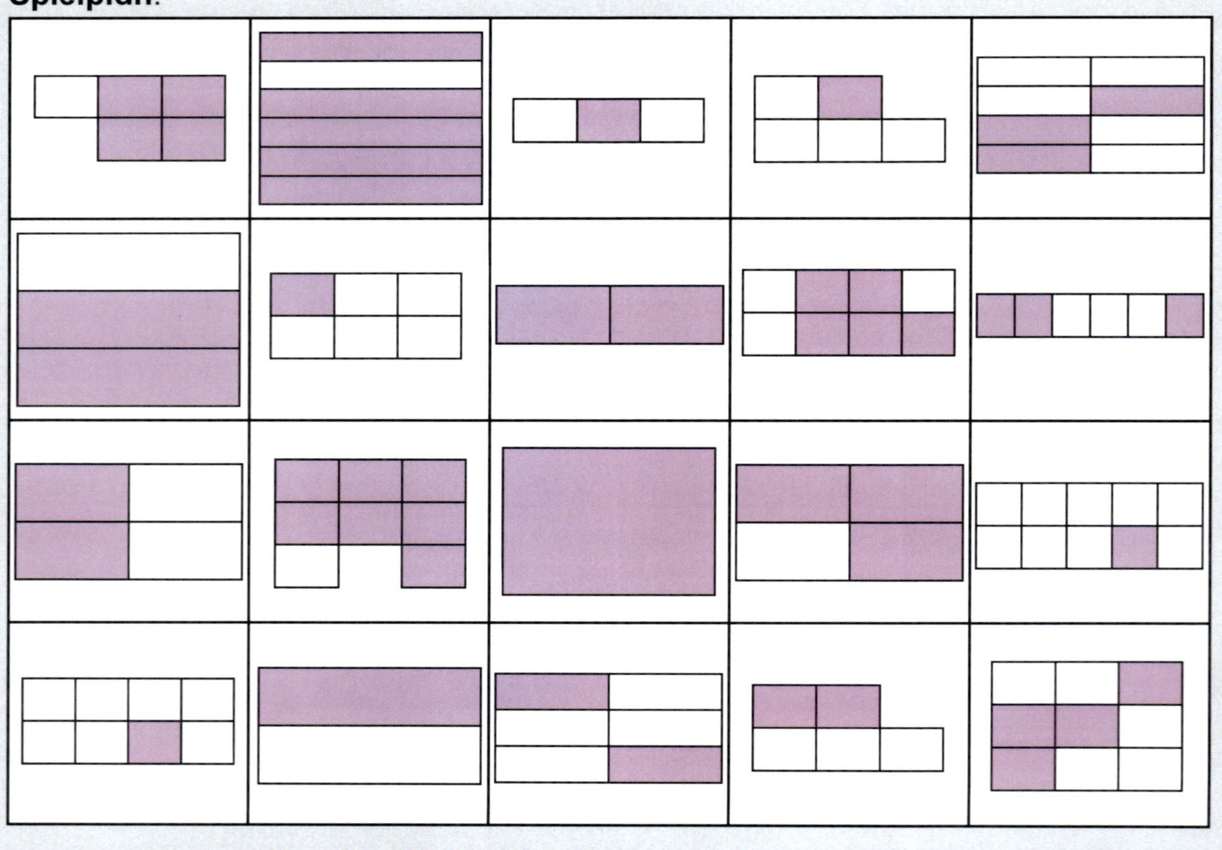

PUZZLE

KOHL VERLAG
MATHE-TRAINING
... zur Wiederholung & Festigung / Klasse 6 – Bestell-Nr. 13 026

Brüche darstellen

12**

Vergleiche die Brüche mit den Abbildungen und ordne richtig zu. Schneide die Puzzleteile aus und lege sie passend im Spielplan auf.

Puzzleteile:

Spielplan:

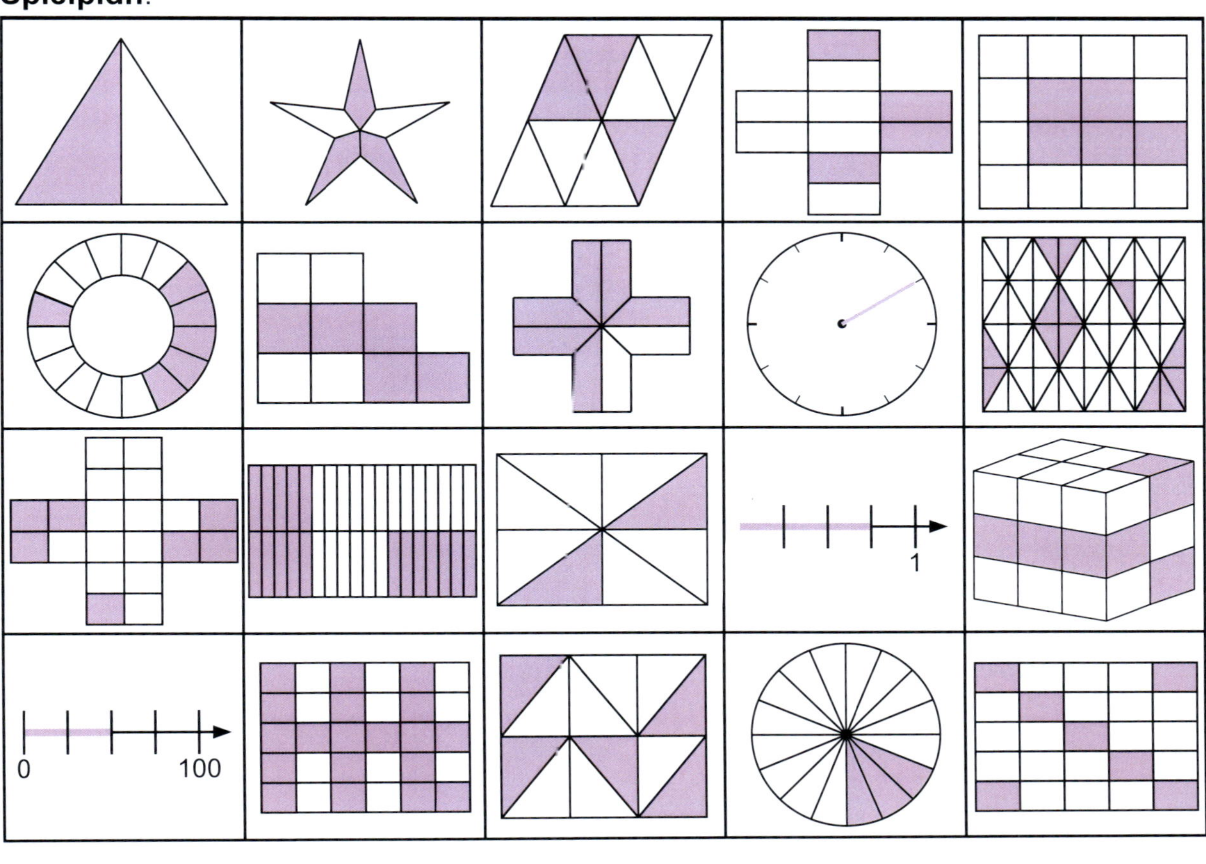

PUZZLE

MATHE-TRAINING ... zur Wiederholung & Festigung / Klasse 6 – Bestell-Nr. 13 026
KOHL VERLAG

Brüche darstellen

– LÖSUNG –

Puzzleteile:

Spielplan:

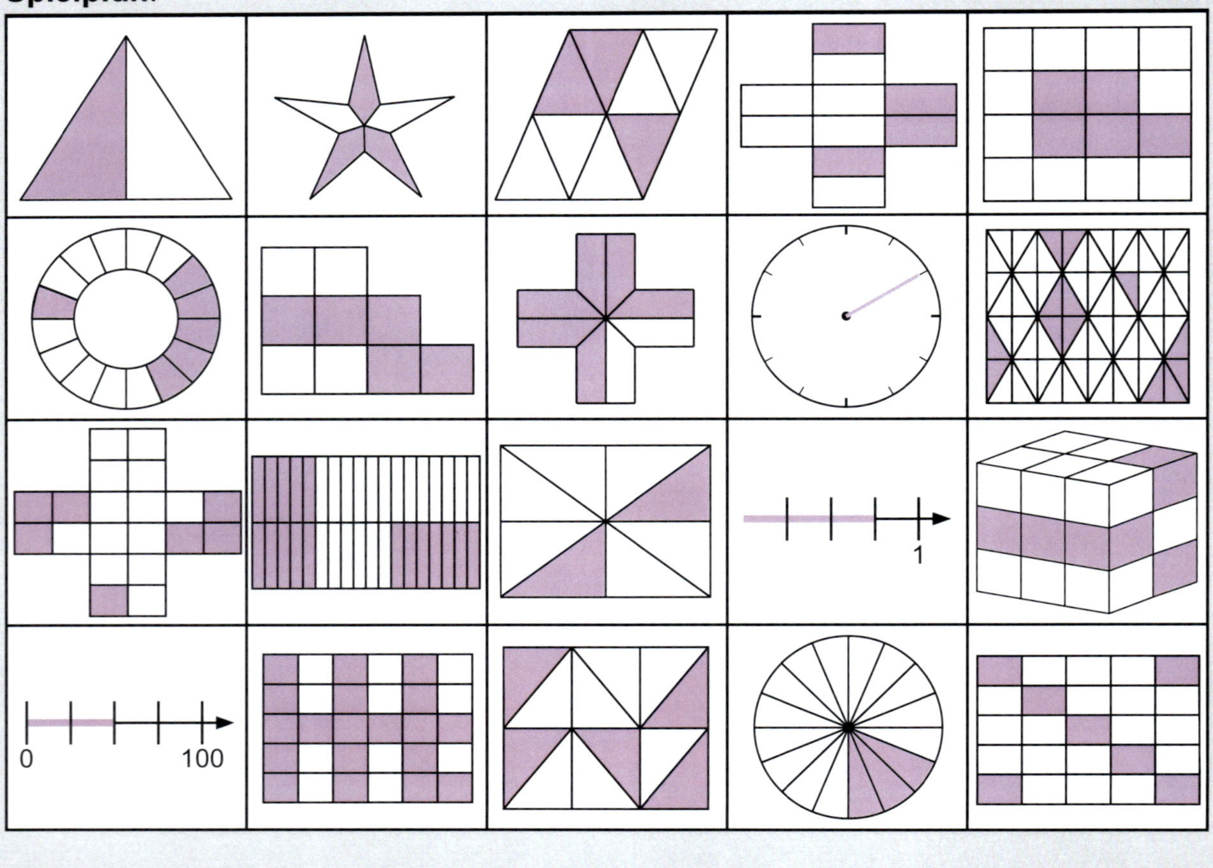

PUZZLE

MATHE-TRAINING ... zur Wiederholung & Festigung / Klasse 6 – Bestell-Nr. 13 026
KOHL VERLAG

Brüche kürzen und erweitern

13

Kürze oder erweitere die Brüche mit den angegebenen Zahlen. Verbinde im Bild die Punkte neben den Ergebnissen in der Reihenfolge der Aufgaben.

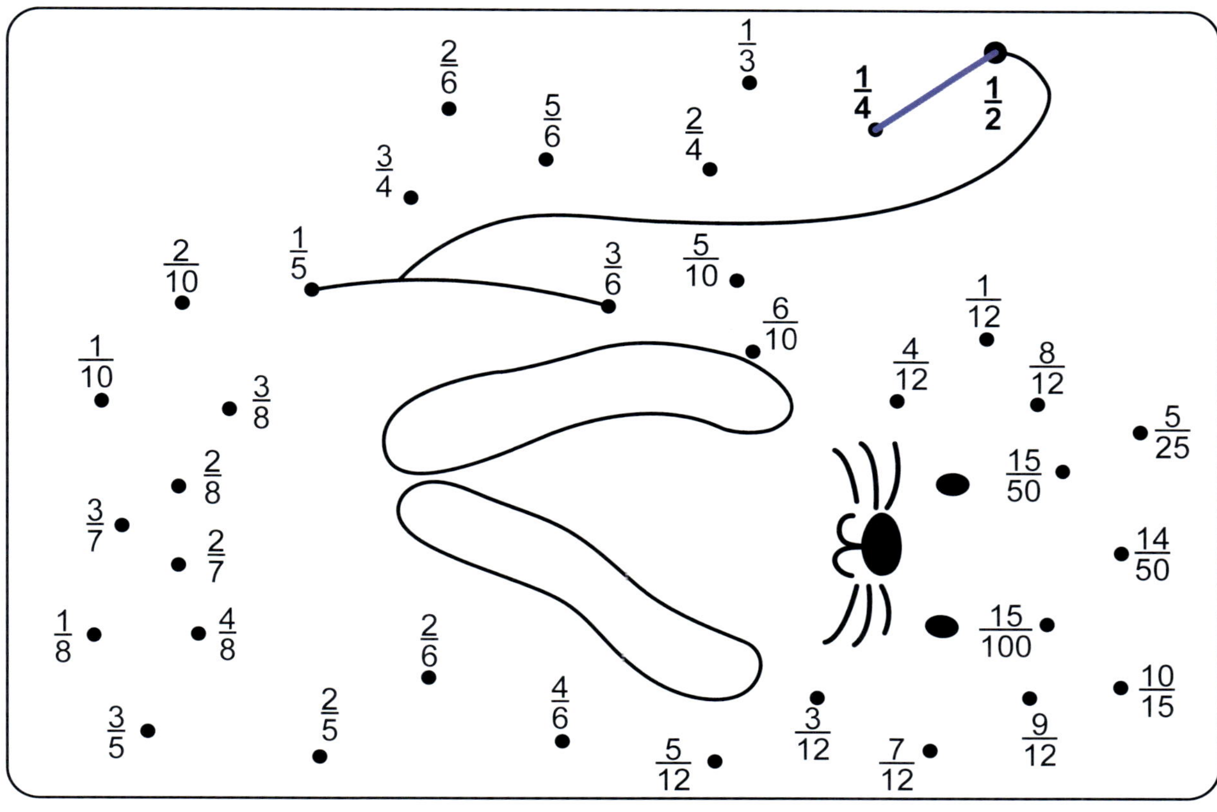

kürzen		
Bruch	kürzen mit	Ergebnis
$\frac{5}{10}$	5	$\frac{1}{2}$
$\frac{3}{12}$	3	$\frac{1}{4}$
$\frac{4}{8}$	2	
$\frac{15}{18}$	3	
$\frac{6}{8}$	2	
$\frac{3}{15}$	3	
$\frac{10}{100}$	10	
$\frac{8}{32}$	4	
$\frac{10}{35}$	5	
$\frac{3}{24}$	3	
$\frac{4}{10}$	2	

erweitern		
Bruch	erweitern mit	Ergebnis
$\frac{2}{3}$	2	
$\frac{1}{4}$	3	
$\frac{3}{4}$	3	
$\frac{2}{3}$	5	
$\frac{3}{20}$	5	
$\frac{3}{10}$	5	
$\frac{1}{5}$	5	
$\frac{2}{3}$	4	
$\frac{1}{3}$	4	
$\frac{3}{5}$	2	
$\frac{1}{2}$	3	

BILD AUS PUNKTEN

KOHL VERLAG MATHE-TRAINING ... zur Wiederholung & Festigung / Klasse 6 – Bestell-Nr. 13 026

– LÖSUNG –

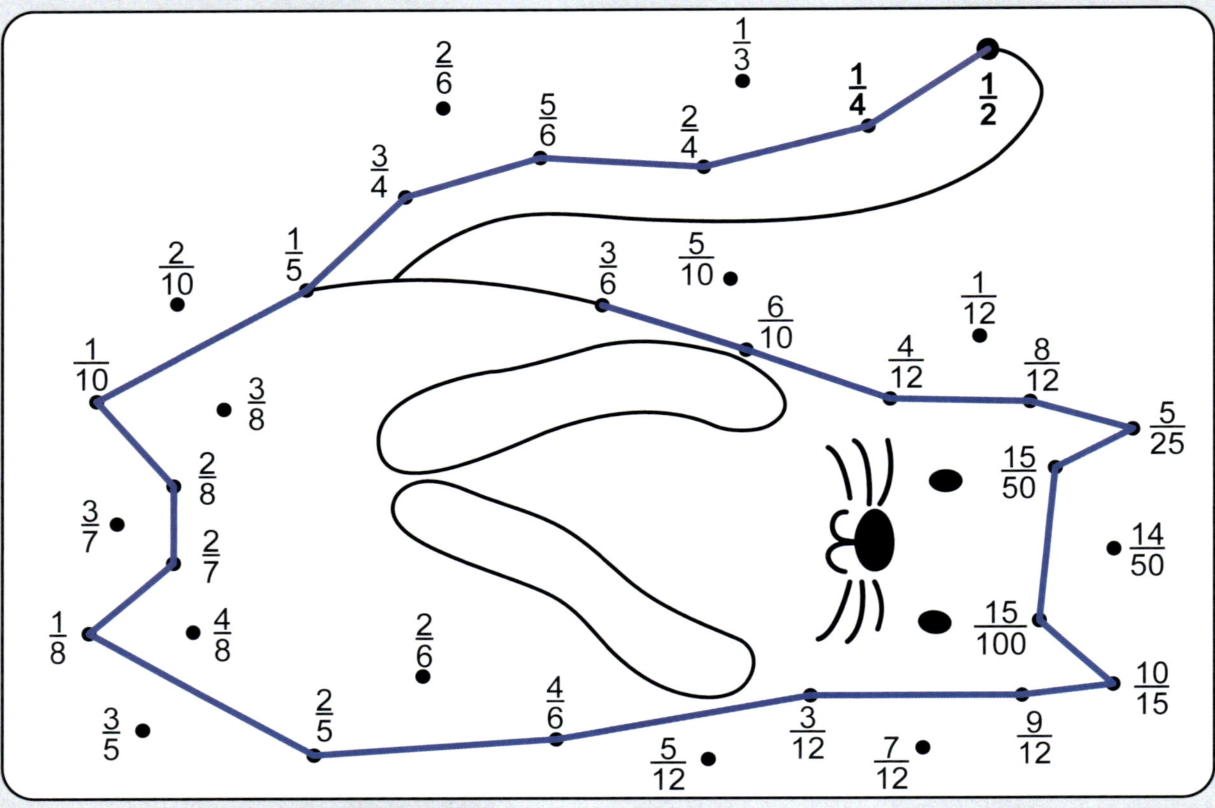

kürzen		
Bruch	**kürzen mit**	**Ergebnis**
$\frac{5}{10}$	5	$\mathbf{\frac{1}{2}}$
$\frac{3}{12}$	3	$\mathbf{\frac{1}{4}}$
$\frac{4}{8}$	2	$\mathbf{\frac{2}{4}}$
$\frac{15}{18}$	3	$\mathbf{\frac{5}{6}}$
$\frac{6}{8}$	2	$\mathbf{\frac{3}{4}}$
$\frac{3}{15}$	3	$\mathbf{\frac{1}{5}}$
$\frac{10}{100}$	10	$\mathbf{\frac{1}{10}}$
$\frac{8}{32}$	4	$\mathbf{\frac{2}{8}}$
$\frac{10}{35}$	5	$\mathbf{\frac{2}{7}}$
$\frac{3}{24}$	3	$\mathbf{\frac{1}{8}}$
$\frac{4}{10}$	2	$\mathbf{\frac{2}{5}}$

erweitern		
Bruch	**erweitern mit**	**Ergebnis**
$\frac{2}{3}$	2	$\mathbf{\frac{4}{6}}$
$\frac{1}{4}$	3	$\mathbf{\frac{3}{12}}$
$\frac{3}{4}$	3	$\mathbf{\frac{9}{12}}$
$\frac{2}{3}$	5	$\mathbf{\frac{10}{15}}$
$\frac{3}{20}$	5	$\mathbf{\frac{15}{100}}$
$\frac{3}{10}$	5	$\mathbf{\frac{15}{50}}$
$\frac{1}{5}$	5	$\mathbf{\frac{5}{25}}$
$\frac{2}{3}$	4	$\mathbf{\frac{8}{12}}$
$\frac{1}{3}$	4	$\mathbf{\frac{4}{12}}$
$\frac{3}{5}$	2	$\mathbf{\frac{6}{10}}$
$\frac{1}{2}$	3	$\mathbf{\frac{3}{6}}$

BILD AUS PUNKTEN

Brüche kürzen und erweitern

14*

Kürze oder erweitere die Brüche. Verbinde im Bild die Punkte neben den Ergebnissen in der Reihenfolge der Aufgaben.

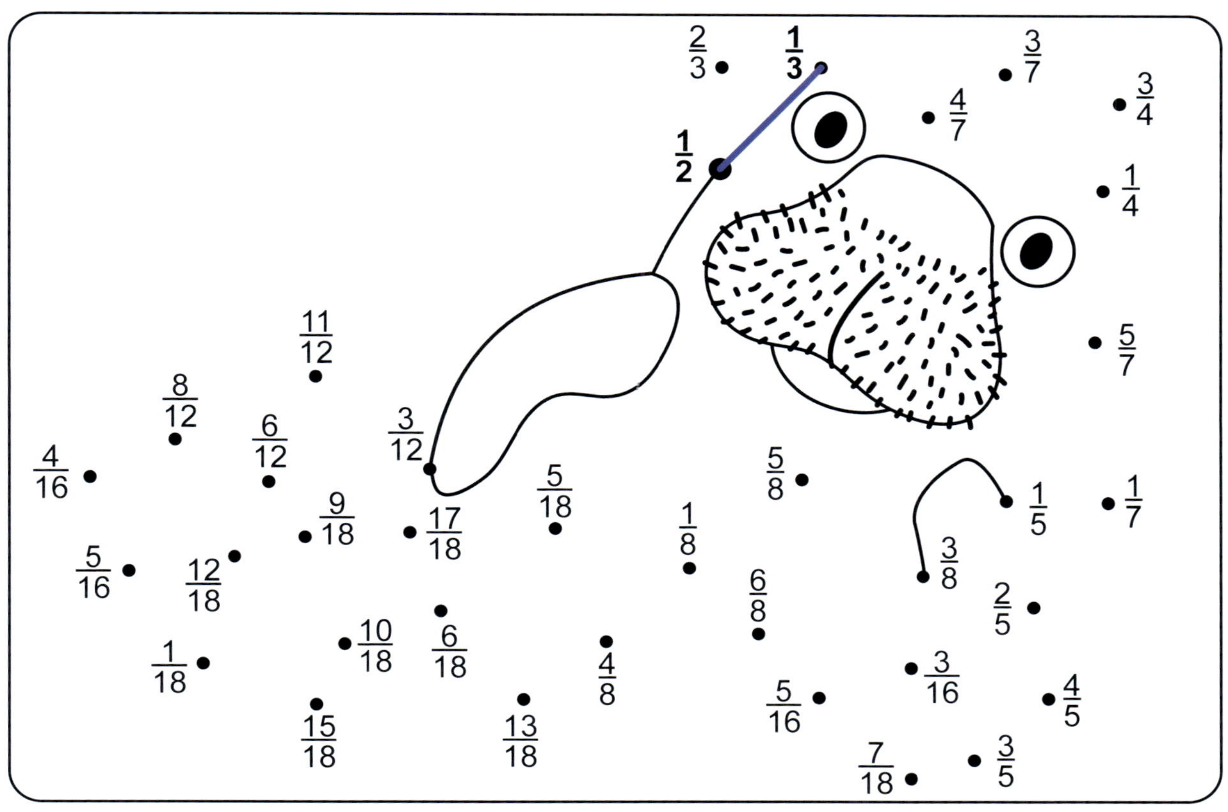

Kürze soweit wie möglich.	
$\frac{14}{28}$	$\mathbf{\frac{1}{2}}$
$\frac{25}{75}$	$\mathbf{\frac{1}{3}}$
$\frac{27}{63}$	
$\frac{6}{24}$	
$\frac{25}{35}$	
$\frac{14}{70}$	
$\frac{14}{35}$	
$\frac{27}{45}$	
$\frac{14}{36}$	
$\frac{12}{64}$	
$\frac{24}{64}$	

Erweitere zum gegebenen Nenner.	
$\frac{3}{4}$	$\frac{}{8}$
$\frac{1}{2}$	$\frac{}{8}$
$\frac{1}{3}$	$\frac{}{18}$
$\frac{3}{6}$	$\frac{}{18}$
$\frac{5}{9}$	$\frac{}{18}$
$\frac{5}{6}$	$\frac{}{18}$
$\frac{2}{3}$	$\frac{}{18}$
$\frac{1}{4}$	$\frac{}{16}$
$\frac{4}{6}$	$\frac{}{12}$
$\frac{1}{2}$	$\frac{}{12}$
$\frac{1}{4}$	$\frac{}{12}$

BILD AUS PUNKTEN

MATHE-TRAINING ... zur Wiederholung & Festigung / Klasse 6 – Bestell-Nr. 13 026
KOHL VERLAG Lernen mit Erfolg

– LÖSUNG –

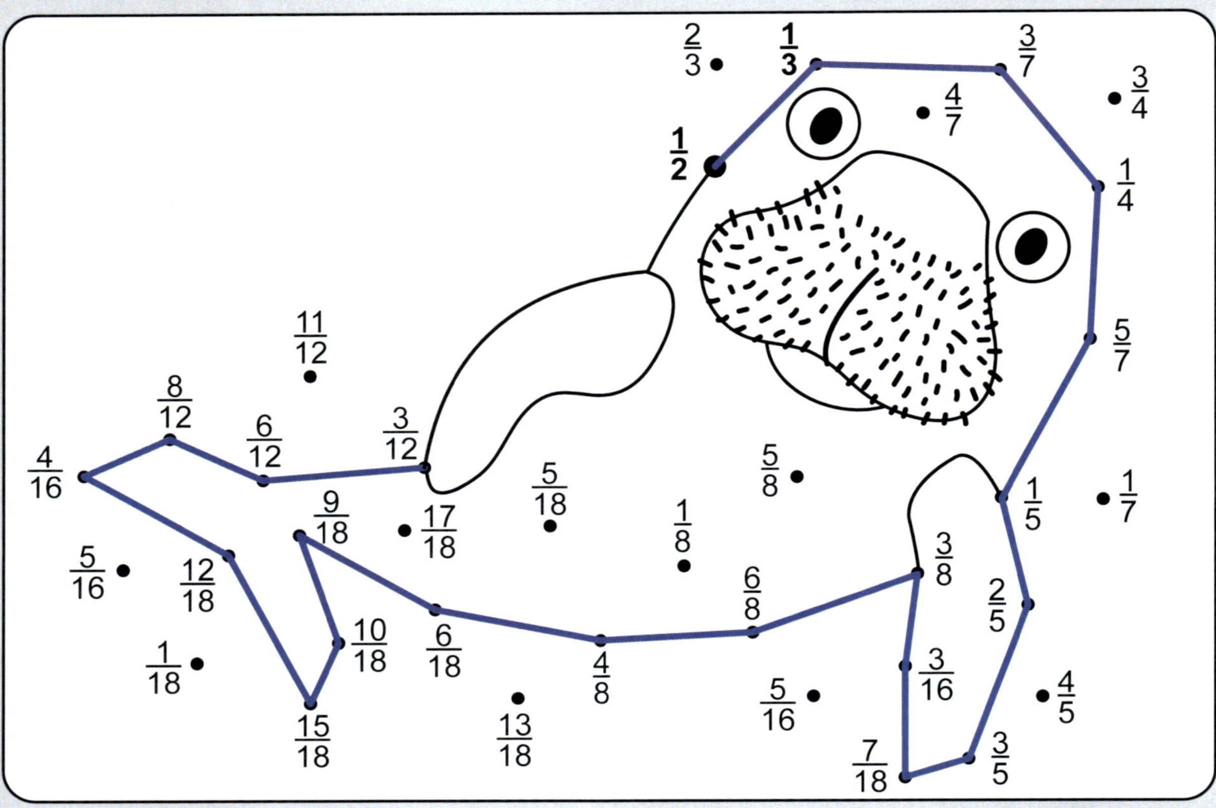

Kürze soweit wie möglich.	
$\frac{14}{28}$	$\mathbf{\frac{1}{2}}$
$\frac{25}{75}$	$\mathbf{\frac{1}{3}}$
$\frac{27}{63}$	$\mathbf{\frac{3}{7}}$
$\frac{6}{24}$	$\mathbf{\frac{1}{4}}$
$\frac{25}{35}$	$\mathbf{\frac{5}{7}}$
$\frac{14}{70}$	$\mathbf{\frac{1}{5}}$
$\frac{14}{35}$	$\mathbf{\frac{2}{5}}$
$\frac{27}{45}$	$\mathbf{\frac{3}{5}}$
$\frac{14}{36}$	$\mathbf{\frac{7}{18}}$
$\frac{12}{64}$	$\mathbf{\frac{3}{16}}$
$\frac{24}{64}$	$\mathbf{\frac{3}{8}}$

Erweitere zum gegebenen Nenner.	
$\frac{3}{4}$	$\mathbf{\frac{6}{8}}$
$\frac{1}{2}$	$\mathbf{\frac{4}{8}}$
$\frac{1}{3}$	$\mathbf{\frac{6}{18}}$
$\frac{3}{6}$	$\mathbf{\frac{9}{18}}$
$\frac{5}{9}$	$\mathbf{\frac{10}{18}}$
$\frac{5}{6}$	$\mathbf{\frac{15}{18}}$
$\frac{2}{3}$	$\mathbf{\frac{12}{18}}$
$\frac{1}{4}$	$\mathbf{\frac{4}{16}}$
$\frac{4}{6}$	$\mathbf{\frac{8}{12}}$
$\frac{1}{2}$	$\mathbf{\frac{6}{12}}$
$\frac{1}{4}$	$\mathbf{\frac{3}{12}}$

BILD AUS PUNKTEN

Brüche ordnen nach der Größe

15**

Verbinde die Punkte bei den Brüchen in der Reihenfolge der Bruchwerte vom kleinsten zum größten.
Tipp: Vergleiche immer die Nachbarbrüche. Kürzen und erweitern hilft dabei.

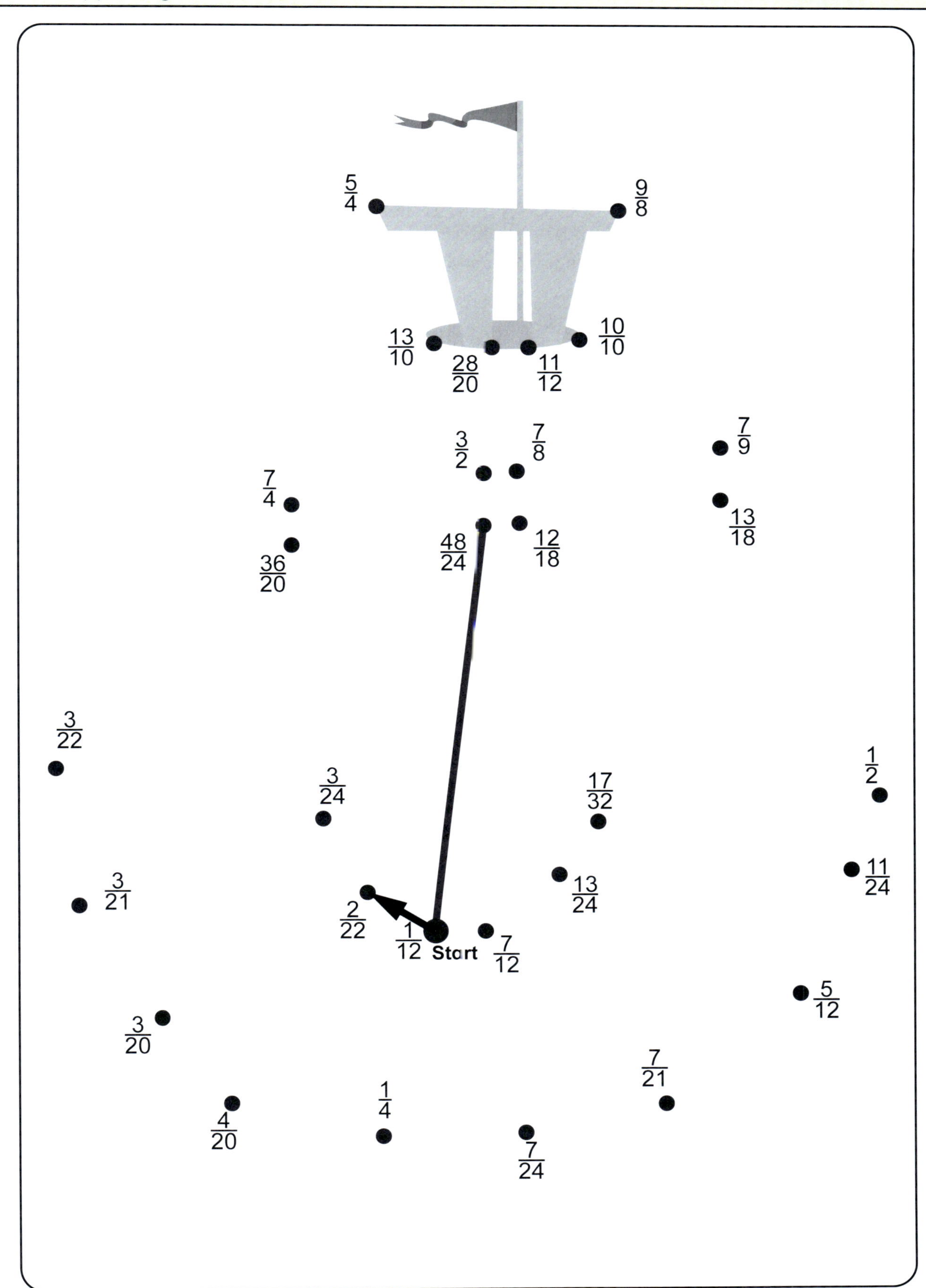

BILD AUS PUNKTEN

KOHL VERLAG MATHE-TRAINING ... zur Wiederholung & Festigung / Klasse 6 – Bestell-Nr. 13 026

Brüche ordnen nach der Größe

15**

– LÖSUNG –

BILD AUS PUNKTEN

MATHE-TRAINING
... zur Wiederholung & Festigung / Klasse 6 – Bestell-Nr. 13 026
KOHL VERLAG Lernen mit Erfolg

Rechnen mit Brüchen (Addieren und Subtrahieren)

Rechne aus und kürze so weit wie möglich. Male dann nur die Felder mit den Ergebnissen mit einer Farbe aus.

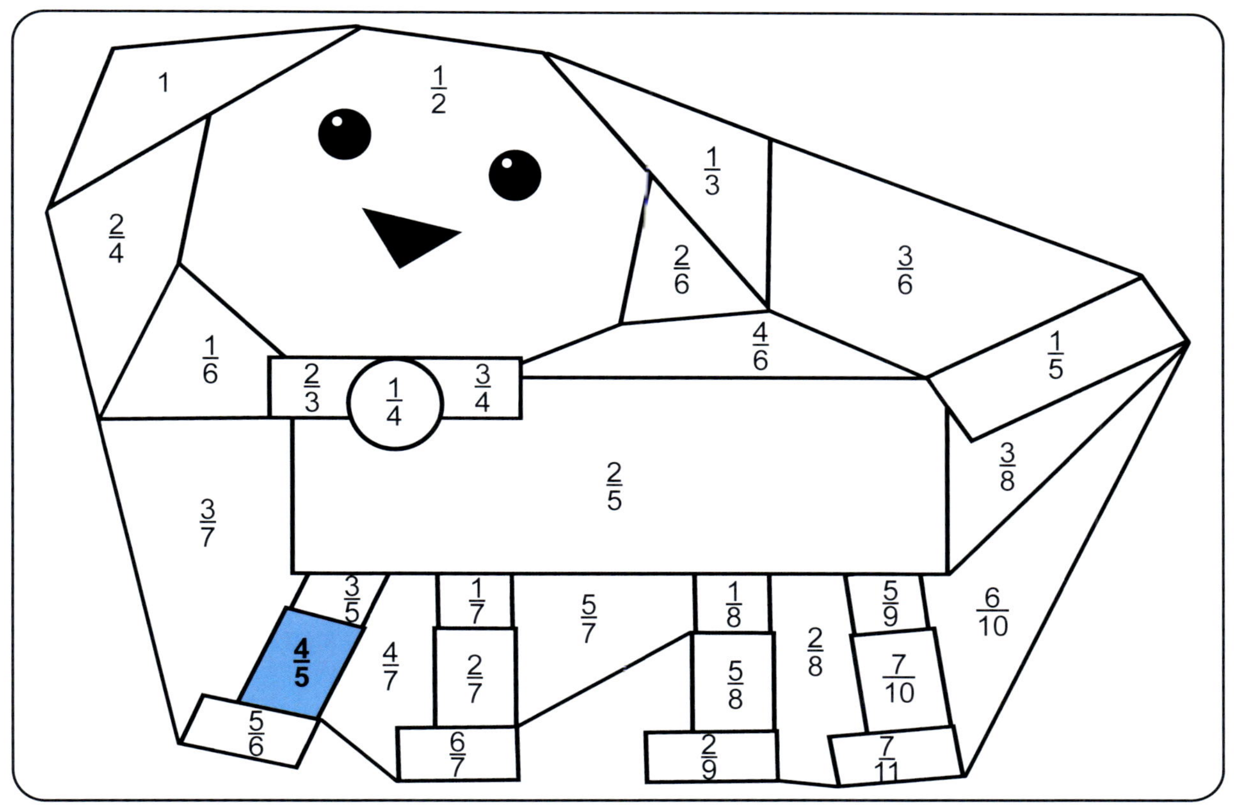

Aufgabe	Ergebnis
$\frac{2}{5} + \frac{2}{5} =$	$\mathbf{\frac{4}{5}}$
$\frac{4}{7} + \frac{2}{7} =$	
$\frac{3}{8} + \frac{1}{8} =$	
$\frac{1}{6} + \frac{5}{6} =$	
$\frac{1}{3} + \frac{1}{3} =$	
$\frac{1}{9} + \frac{4}{9} =$	
$\frac{1}{2} + \frac{1}{4} =$	
$\frac{5}{11} + \frac{2}{11} =$	
$\frac{2}{3} + \frac{1}{6} =$	
$\frac{1}{8} + \frac{1}{8} =$	

Aufgabe	Ergebnis
$\frac{4}{5} - \frac{1}{5} =$	
$\frac{7}{10} - \frac{1}{2} =$	
$\frac{6}{7} - \frac{4}{7} =$	
$\frac{4}{9} - \frac{2}{9} =$	
$\frac{4}{5} - \frac{1}{10} =$	
$\frac{7}{10} - \frac{3}{10} =$	
$\frac{3}{8} - \frac{1}{4} =$	
$\frac{6}{7} - \frac{5}{7} =$	
$\frac{7}{9} - \frac{4}{9} =$	
$\frac{7}{8} - \frac{1}{4} =$	

AUSMALEN

KOHL VERLAG Lernen mit Erfolg
MATHE-TRAINING ... zur Wiederholung & Festigung / Klasse 6 – Bestell-Nr. 13 026

– LÖSUNG –

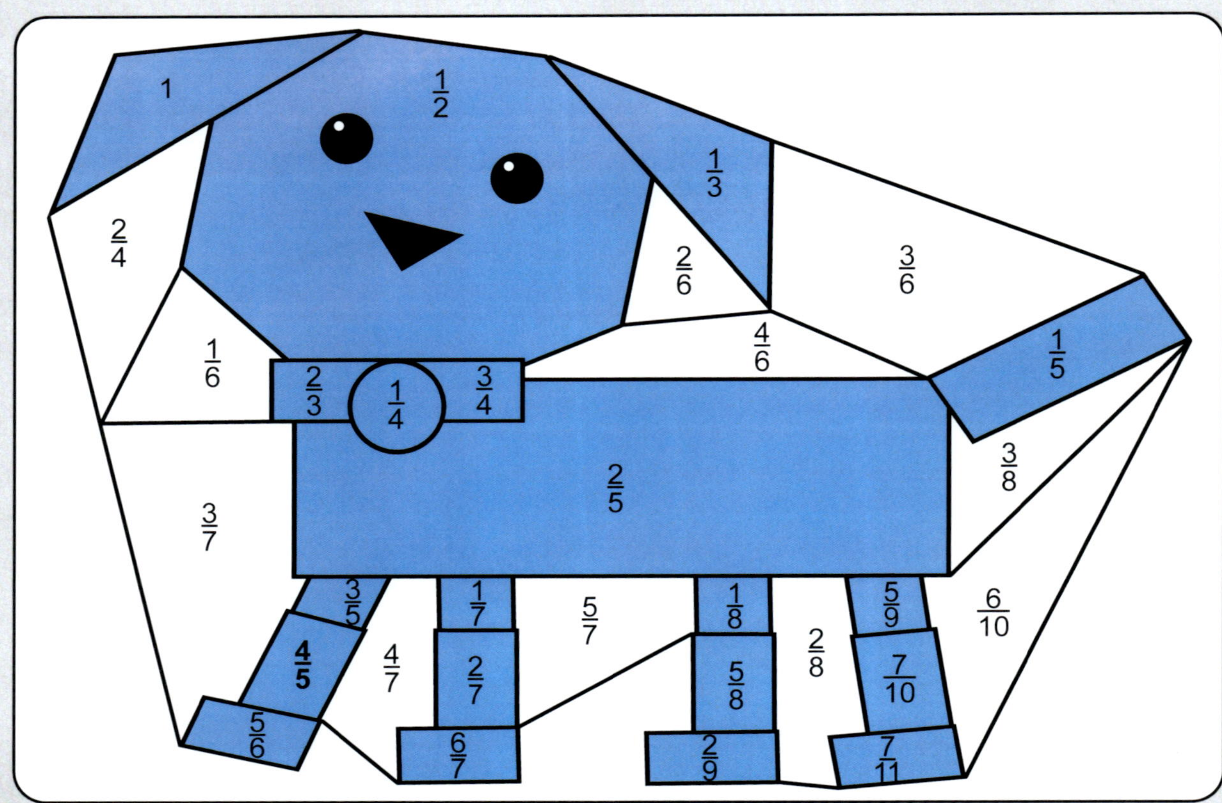

Aufgabe	Ergebnis
$\frac{2}{5} + \frac{2}{5} =$	$\mathbf{\frac{4}{5}}$
$\frac{4}{7} + \frac{2}{7} =$	$\mathbf{\frac{6}{7}}$
$\frac{3}{8} + \frac{1}{8} =$	$\mathbf{\frac{1}{2}}$
$\frac{1}{6} + \frac{5}{6} =$	**1**
$\frac{1}{3} + \frac{1}{3} =$	$\mathbf{\frac{2}{3}}$
$\frac{1}{9} + \frac{4}{9} =$	$\mathbf{\frac{5}{9}}$
$\frac{1}{2} + \frac{1}{4} =$	$\mathbf{\frac{3}{4}}$
$\frac{5}{11} + \frac{2}{11} =$	$\mathbf{\frac{7}{11}}$
$\frac{2}{3} + \frac{1}{6} =$	$\mathbf{\frac{5}{6}}$
$\frac{1}{8} + \frac{1}{8} =$	$\mathbf{\frac{1}{4}}$

Aufgabe	Ergebnis
$\frac{4}{5} - \frac{1}{5} =$	$\mathbf{\frac{3}{5}}$
$\frac{7}{10} - \frac{1}{2} =$	$\mathbf{\frac{1}{5}}$
$\frac{6}{7} - \frac{4}{7} =$	$\mathbf{\frac{2}{7}}$
$\frac{4}{9} - \frac{2}{9} =$	$\mathbf{\frac{2}{9}}$
$\frac{4}{5} - \frac{1}{10} =$	$\mathbf{\frac{7}{10}}$
$\frac{7}{10} - \frac{3}{10} =$	$\mathbf{\frac{2}{5}}$
$\frac{3}{8} - \frac{1}{4} =$	$\mathbf{\frac{1}{8}}$
$\frac{6}{7} - \frac{5}{7} =$	$\mathbf{\frac{1}{7}}$
$\frac{7}{9} - \frac{4}{9} =$	$\mathbf{\frac{1}{3}}$
$\frac{7}{8} - \frac{1}{4} =$	$\mathbf{\frac{5}{8}}$

AUSMALEN

KOHL VERLAG Lernen mit Erfolg
MATHE-TRAINING ... zur Wiederholung & Festigung / Klasse 6 – Bestell-Nr. 13 026

Rechnen mit Brüchen (Addieren und Subtrahieren)

17*

Rechne aus und kürze so weit wie möglich. Schreibe das Ergebnis möglichst als gemischte Zahl. Male dann nur die Felder mit den Ergebnissen mit einer Farbe aus.

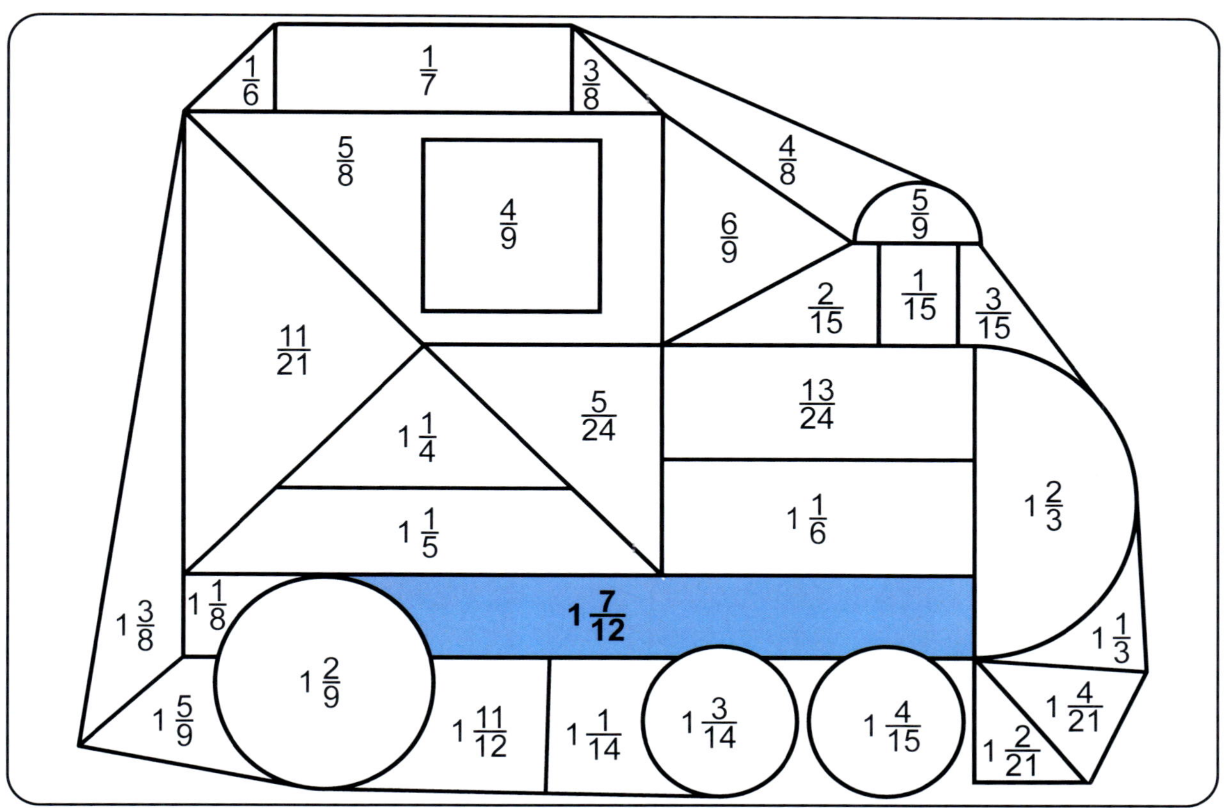

Aufgabe	Ergebnis	Aufgabe	Ergebnis
$\frac{11}{12} + \frac{2}{3} =$	$\mathbf{1\frac{7}{12}}$	$\frac{7}{8} - \frac{1}{2} =$	
$\frac{1}{7} + \frac{20}{21} =$		$\frac{3}{4} - \frac{7}{12} =$	
$\frac{7}{9} + \frac{8}{9} =$		$\frac{17}{21} - \frac{2}{3} =$	
$\frac{3}{8} + \frac{3}{4} =$		$\frac{5}{6} - \frac{7}{24} =$	
$\frac{3}{4} + \frac{1}{2} =$		$\frac{8}{9} - \frac{1}{3} =$	
$\frac{7}{15} + \frac{4}{5} =$		$\frac{7}{9} - \frac{1}{3} =$	
$\frac{5}{6} + \frac{11}{30} =$		$\frac{1}{3} - \frac{4}{15} =$	
$\frac{7}{12} + \frac{7}{12} =$		$\frac{4}{7} - \frac{1}{21} =$	
$\frac{7}{9} + \frac{4}{9} =$		$\frac{5}{12} - \frac{5}{24} =$	
$\frac{6}{7} + \frac{5}{14} =$		$\frac{3}{4} - \frac{1}{8} =$	

AUSMALEN

– LÖSUNG –

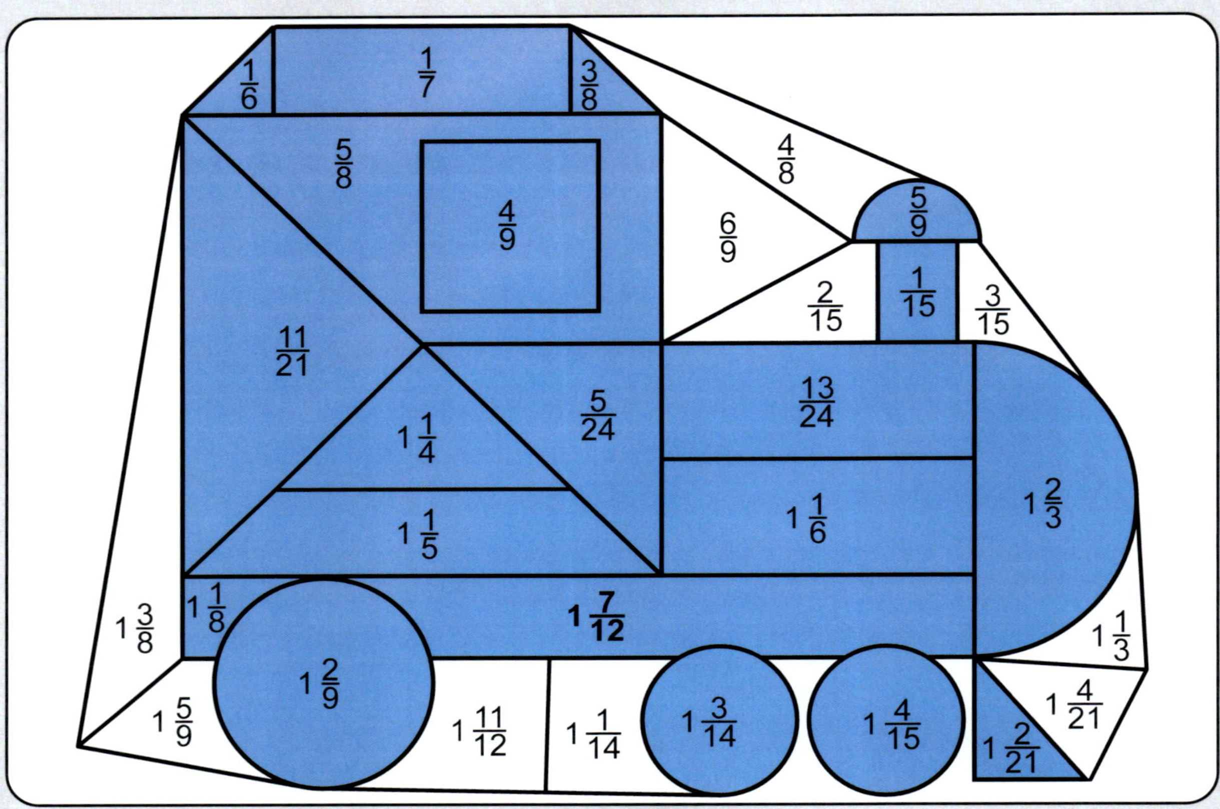

Aufgabe	Ergebnis
$\frac{11}{12} + \frac{2}{3} =$	$1\frac{7}{12}$
$\frac{1}{7} + \frac{20}{21} =$	$1\frac{2}{21}$
$\frac{7}{9} + \frac{8}{9} =$	$1\frac{2}{3}$
$\frac{3}{8} + \frac{3}{4} =$	$1\frac{1}{8}$
$\frac{3}{4} + \frac{1}{2} =$	$1\frac{1}{4}$
$\frac{7}{15} + \frac{4}{5} =$	$1\frac{4}{15}$
$\frac{5}{6} + \frac{11}{30} =$	$1\frac{1}{5}$
$\frac{7}{12} + \frac{7}{12} =$	$1\frac{1}{6}$
$\frac{7}{9} + \frac{4}{9} =$	$1\frac{2}{9}$
$\frac{6}{7} + \frac{5}{14} =$	$1\frac{3}{14}$

Aufgabe	Ergebnis
$\frac{7}{8} - \frac{1}{2} =$	$\frac{3}{8}$
$\frac{3}{4} - \frac{7}{12} =$	$\frac{1}{6}$
$\frac{17}{21} - \frac{2}{3} =$	$\frac{1}{7}$
$\frac{5}{6} - \frac{7}{24} =$	$\frac{13}{24}$
$\frac{8}{9} - \frac{1}{3} =$	$\frac{5}{9}$
$\frac{7}{9} - \frac{1}{3} =$	$\frac{4}{9}$
$\frac{1}{3} - \frac{4}{15} =$	$\frac{1}{15}$
$\frac{4}{7} - \frac{1}{21} =$	$\frac{11}{21}$
$\frac{5}{12} - \frac{5}{24} =$	$\frac{5}{24}$
$\frac{3}{4} - \frac{1}{8} =$	$\frac{5}{8}$

AUSMALEN

KOHL VERLAG
MATHE-TRAINING
... zur Wiederholung & Festigung / Klasse 6 – Bestell-Nr. 13 026

Rechnen mit Brüchen (Addieren und Subtrahieren)

18**

Rechne aus und kürze so weit wie möglich. Schreibe das Ergebnis möglichst als gemischte Zahl. Male dann nur die Felder mit den Ergebnissen mit einer Farbe aus.

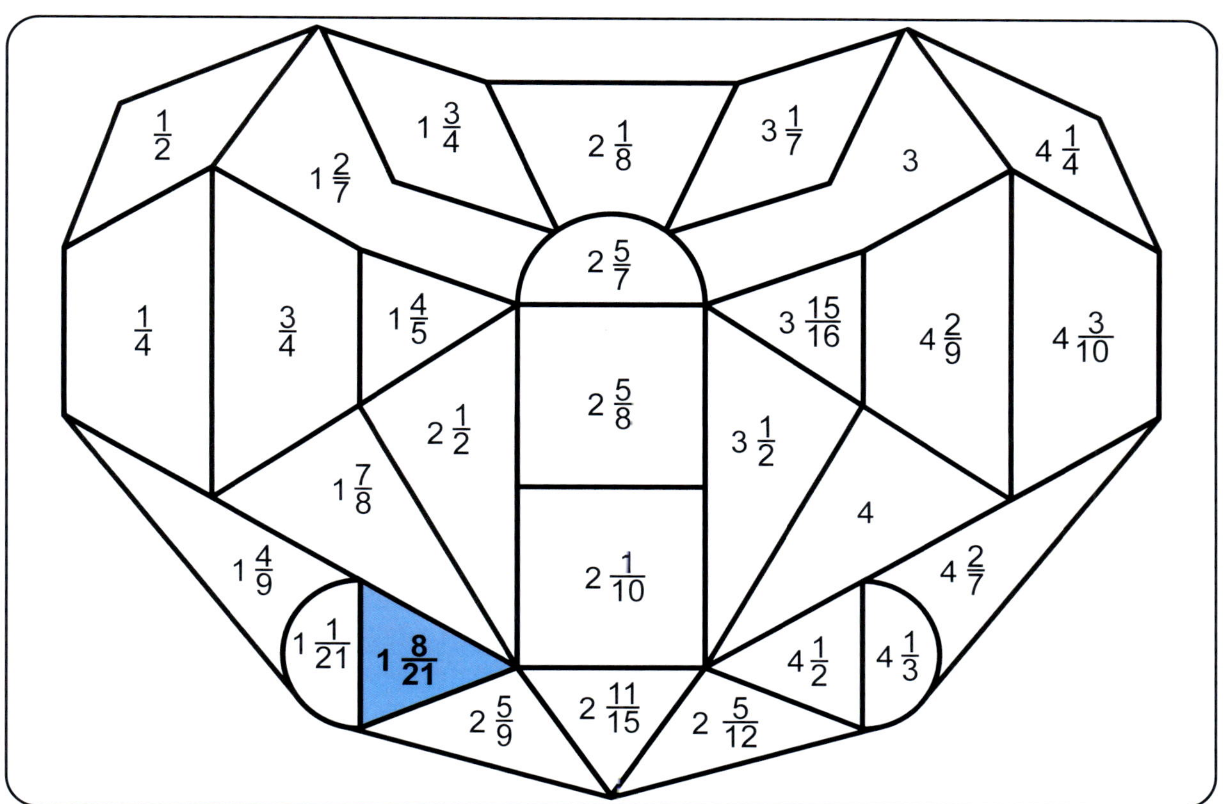

Aufgabe	Ergebnis
$\frac{4}{7} + \frac{17}{21} =$	**$1\frac{8}{21}$**
$1\frac{2}{3} + 2\frac{1}{3} =$	
$1\frac{3}{5} + 2\frac{7}{10} =$	
$2\frac{5}{9} + 1\frac{2}{3} =$	
$3\frac{5}{12} + \frac{11}{12} =$	
$1\frac{3}{4} + 2\frac{3}{4} =$	
$2\frac{5}{8} + 1\frac{5}{16} =$	
$1\frac{1}{2} + 1\frac{9}{14} =$	
$\frac{2}{3} + 2\frac{5}{6} =$	
$1\frac{3}{4} + \frac{7}{8} =$	

Aufgabe	Ergebnis
$1\frac{4}{7} - \frac{11}{21} =$	
$5\frac{1}{10} - 3\frac{3}{10} =$	
$3\frac{3}{10} - 1\frac{1}{5} =$	
$4\frac{2}{3} - 3\frac{11}{12} =$	
$6\frac{1}{10} - 3\frac{3}{5} =$	
$5\frac{7}{12} - 3\frac{5}{6} =$	
$4\frac{4}{5} - 2\frac{1}{15} =$	
$6\frac{3}{7} - 3\frac{5}{7} =$	
$3\frac{1}{8} - 1\frac{1}{4} =$	
$2\frac{5}{6} - 2\frac{7}{12} =$	

AUSMALEN

KOHL VERLAG
MATHE-TRAINING ... zur Wiederholung & Festigung / Klasse 6 – Bestell-Nr. 13 026

Rechnen mit Brüchen (Addieren und Subtrahieren)

– LÖSUNG –

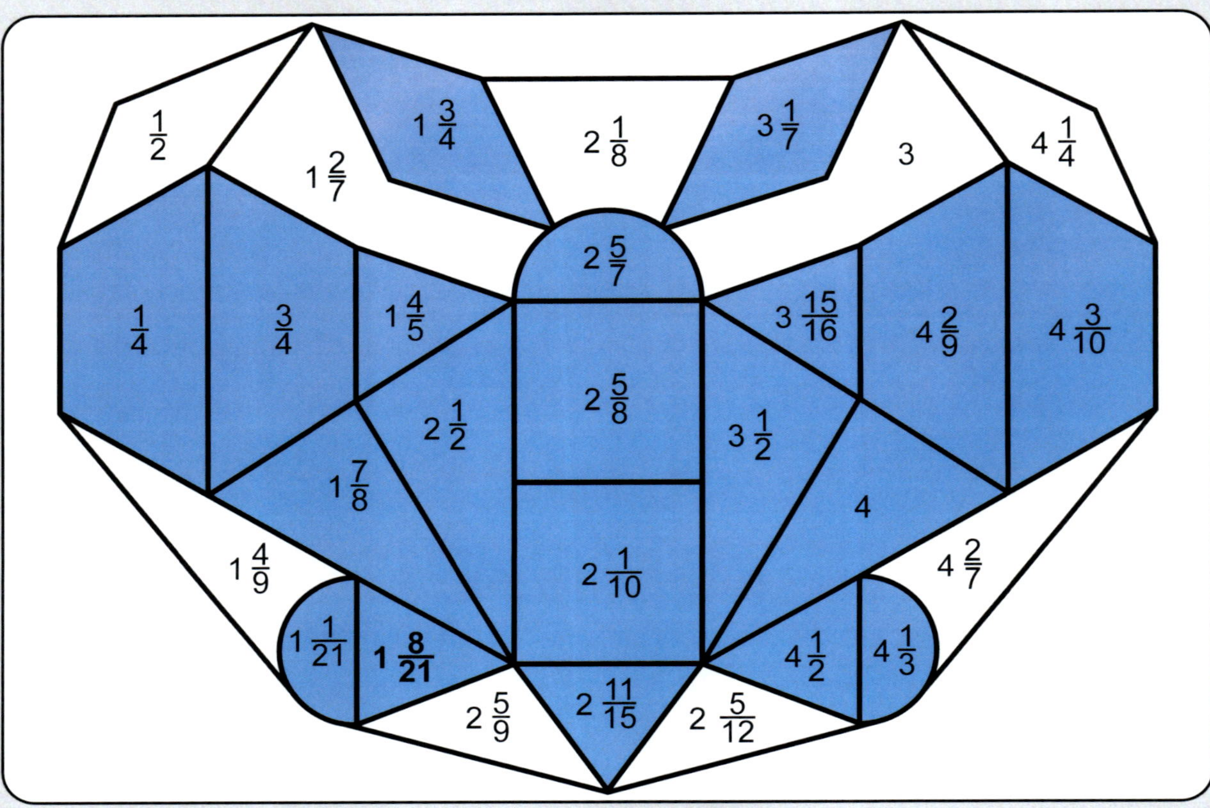

Aufgabe	Ergebnis
$\frac{4}{7} + \frac{17}{21} =$	$\mathbf{1\frac{8}{21}}$
$1\frac{2}{3} + 2\frac{1}{3} =$	**4**
$1\frac{3}{5} + 2\frac{7}{10} =$	$\mathbf{4\frac{3}{10}}$
$2\frac{5}{9} + 1\frac{2}{3} =$	$\mathbf{4\frac{2}{9}}$
$3\frac{5}{12} + \frac{11}{12} =$	$\mathbf{4\frac{1}{3}}$
$1\frac{3}{4} + 2\frac{3}{4} =$	$\mathbf{4\frac{1}{2}}$
$2\frac{5}{8} + 1\frac{5}{16} =$	$\mathbf{3\frac{15}{16}}$
$1\frac{1}{2} + 1\frac{9}{14} =$	$\mathbf{3\frac{1}{7}}$
$\frac{2}{3} + 2\frac{5}{6} =$	$\mathbf{3\frac{1}{2}}$
$1\frac{3}{4} + \frac{7}{8} =$	$\mathbf{2\frac{5}{8}}$

Aufgabe	Ergebnis
$1\frac{4}{7} - \frac{11}{21} =$	$\mathbf{1\frac{1}{21}}$
$5\frac{1}{10} - 3\frac{3}{10} =$	$\mathbf{1\frac{4}{5}}$
$3\frac{3}{10} - 1\frac{1}{5} =$	$\mathbf{2\frac{1}{10}}$
$4\frac{2}{3} - 3\frac{11}{12} =$	$\mathbf{\frac{3}{4}}$
$6\frac{1}{10} - 3\frac{3}{5} =$	$\mathbf{2\frac{1}{2}}$
$5\frac{7}{12} - 3\frac{5}{6} =$	$\mathbf{1\frac{3}{4}}$
$4\frac{4}{5} - 2\frac{1}{15} =$	$\mathbf{2\frac{11}{15}}$
$6\frac{3}{7} - 3\frac{5}{7} =$	$\mathbf{2\frac{5}{7}}$
$3\frac{1}{8} - 1\frac{1}{4} =$	$\mathbf{1\frac{7}{8}}$
$2\frac{5}{6} - 2\frac{7}{12} =$	$\mathbf{\frac{1}{4}}$

AUSMALEN

KOHL VERLAG – Lernen mit Erfolg
MATHE-TRAINING ... zur Wiederholung & Festigung / Klasse 6 – Bestell-Nr. 13 026

Vom Bruch zur Dezimalzahl (Umwandeln)

Wandle die Brüche in Dezimalzahlen um. Schneide die Puzzleteile aus und lege sie passend im Spielplan auf.

Puzzleteile:

Spielplan:

$\frac{1}{2}$	$\frac{1}{4}$	$\frac{3}{4}$	$\frac{2}{10}$	$\frac{4}{10}$
$\frac{6}{10}$	$\frac{8}{10}$	$\frac{1}{10}$	$\frac{3}{10}$	$\frac{7}{10}$
$\frac{9}{10}$	$\frac{10}{10}$	$\frac{1}{100}$	$\frac{2}{100}$	$\frac{3}{100}$
$\frac{4}{100}$	$\frac{55}{100}$	$\frac{65}{100}$	$\frac{57}{100}$	$\frac{88}{100}$

PUZZLE

KOHL VERLAG Lernen mit Erfolg
MATHE-TRAINING ... zur Wiederholung & Festigung / Klasse 6 – Bestell-Nr. 13 026

Vom Bruch zur Dezimalzahl (Umwandeln)

– LÖSUNG –

Puzzleteile:

Spielplan:

$\frac{1}{2}$	$\frac{1}{4}$	$\frac{3}{4}$	$\frac{2}{10}$	$\frac{4}{10}$
$\frac{6}{10}$	$\frac{8}{10}$	$\frac{1}{10}$	$\frac{3}{10}$	$\frac{7}{10}$
$\frac{9}{10}$	$\frac{10}{10}$	$\frac{1}{100}$	$\frac{2}{100}$	$\frac{3}{100}$
$\frac{4}{100}$	$\frac{55}{100}$	$\frac{65}{100}$	$\frac{57}{100}$	$\frac{88}{100}$

PUZZLE

MATHE-TRAINING
... zur Wiederholung & Festigung / Klasse 6 – Bestell-Nr. 13 026
KOHL VERLAG Lernen mit Erfolg

Vom Bruch zur Dezimalzahl (Umwandeln)

20*

Wandle die Brüche in Dezimalzahlen um. Schneide die Puzzleteile aus und lege sie passend im Spielplan auf.

Puzzleteile:

Spielplan:

$\frac{1}{2}$	$\frac{3}{4}$	$\frac{1}{5}$	$\frac{2}{5}$	$\frac{4}{5}$
$\frac{6}{5}$	$\frac{9}{10}$	$\frac{11}{10}$	$\frac{1}{20}$	$\frac{11}{20}$
$\frac{1}{50}$	$\frac{17}{50}$	$\frac{1}{25}$	$\frac{26}{25}$	$\frac{26}{50}$
$\frac{26}{100}$	$\frac{126}{100}$	$\frac{26}{1000}$	$\frac{126}{1000}$	$\frac{1126}{1000}$

PUZZLE

KOHL VERLAG
MATHE-TRAINING ... zur Wiederholung & Festigung / Klasse 6 – Bestell-Nr. 13 026

– LÖSUNG –

Puzzleteile:

Spielplan:

$\frac{1}{2}$	$\frac{3}{4}$	$\frac{1}{5}$	$\frac{2}{5}$	$\frac{4}{5}$
$\frac{6}{5}$	$\frac{9}{10}$	$\frac{11}{10}$	$\frac{1}{20}$	$\frac{11}{20}$
$\frac{1}{50}$	$\frac{17}{50}$	$\frac{1}{25}$	$\frac{26}{25}$	$\frac{26}{50}$
$\frac{26}{100}$	$\frac{126}{100}$	$\frac{26}{1000}$	$\frac{126}{1000}$	$\frac{1126}{1000}$

PUZZLE

MATHE-TRAINING
... zur Wiederholung & Festigung / Klasse 6 – Bestell-Nr. 13 026
KOHL VERLAG

Vom Bruch zur Dezimalzahl (Umwandeln)

21**

Wandle die Brüche in Dezimalzahlen um. Schneide die Puzzleteile aus und lege sie passend im Spielplan auf.

Puzzleteile:

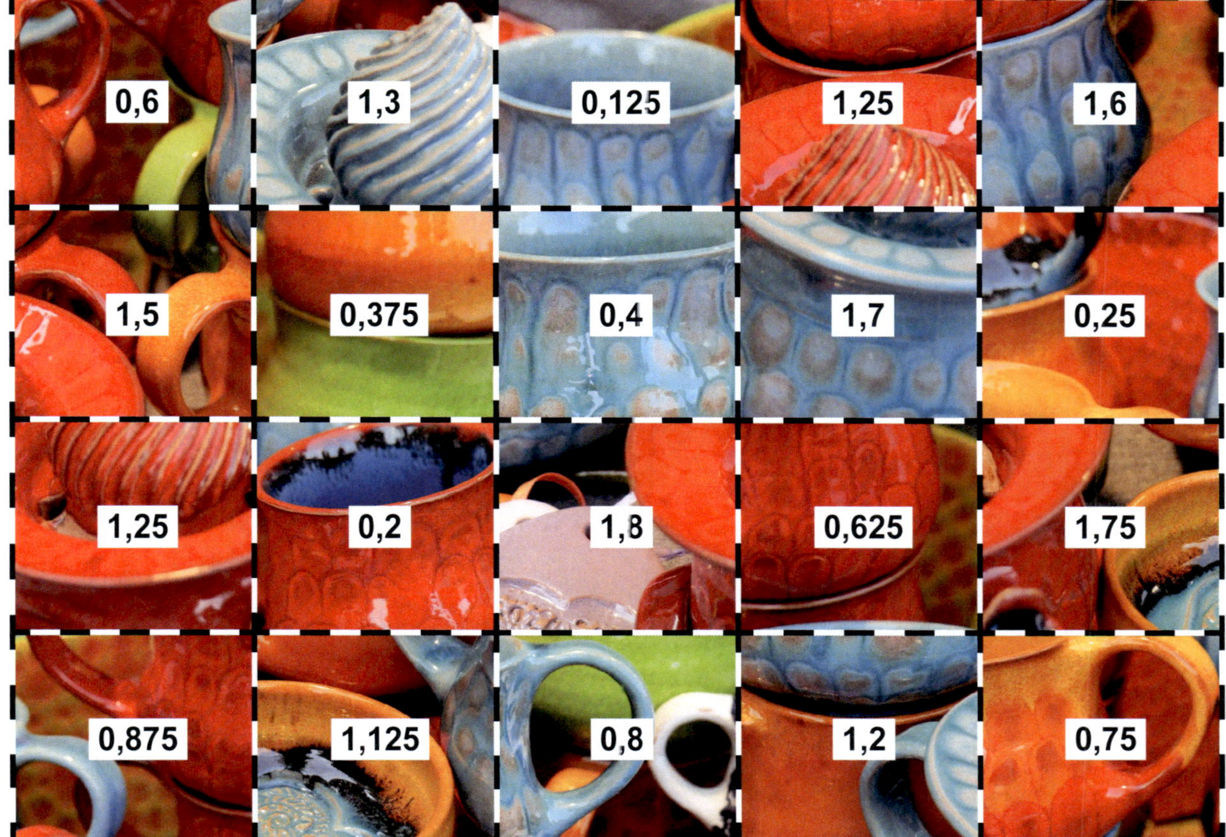

Spielplan:

$\frac{1}{4}$	$\frac{1}{8}$	$\frac{7}{8}$	$\frac{10}{16}$	$\frac{3}{8}$
$\frac{15}{20}$	$\frac{5}{25}$	$\frac{12}{20}$	$\frac{16}{40}$	$\frac{20}{25}$
$\frac{8}{5}$	$\frac{10}{8}$	$\frac{30}{20}$	$\frac{30}{25}$	$\frac{26}{20}$
$\frac{9}{5}$	$\frac{15}{12}$	$\frac{21}{12}$	$\frac{9}{8}$	$\frac{34}{20}$

PUZZLE

KOHL VERLAG Lernen mit Erfolg
MATHE-TRAINING ... zur Wiederholung & Festigung / Klasse 6 – Bestell-Nr. 13 026

Vom Bruch zur Dezimalzahl (Umwandeln)

21**

Puzzleteile:

Spielplan:

$\frac{1}{4}$	$\frac{1}{8}$	$\frac{7}{8}$	$\frac{10}{16}$	$\frac{3}{8}$
$\frac{15}{20}$	$\frac{5}{25}$	$\frac{12}{20}$	$\frac{16}{40}$	$\frac{20}{25}$
$\frac{8}{5}$	$\frac{10}{8}$	$\frac{30}{20}$	$\frac{30}{25}$	$\frac{26}{20}$
$\frac{9}{5}$	$\frac{15}{12}$	$\frac{21}{12}$	$\frac{9}{8}$	$\frac{34}{20}$

PUZZLE

KOHL VERLAG
MATHE-TRAINING
... zur Wiederholung & Festigung / Klasse 6 – Bestell-Nr. 13 026

Von der Dezimalzahl zum Bruch (Umwandeln)

Wandle um in einen Bruch. Kürze so weit wie möglich. Ordne aus dem Schlüssel die richtigen Buchstaben zu.

Dezimal-zahl	Bruch	Silbe
0,3 =	$\frac{3}{10}$	Wenn
0,5 =		
0,2 =		
0,4 =		
0,02 =		
0,004 =		
0,08 =		
0,75 =		
0,8 =		
0,05 =		

Dezimal-zahl	Bruch	Silbe
0,002 =		
0,1 =		
0,04 =		
0,7 =		
0,09 =		
0,005 =		
0,6 =		
0,03 =		
0,07 =		
0,9 =		

Schlüssel:

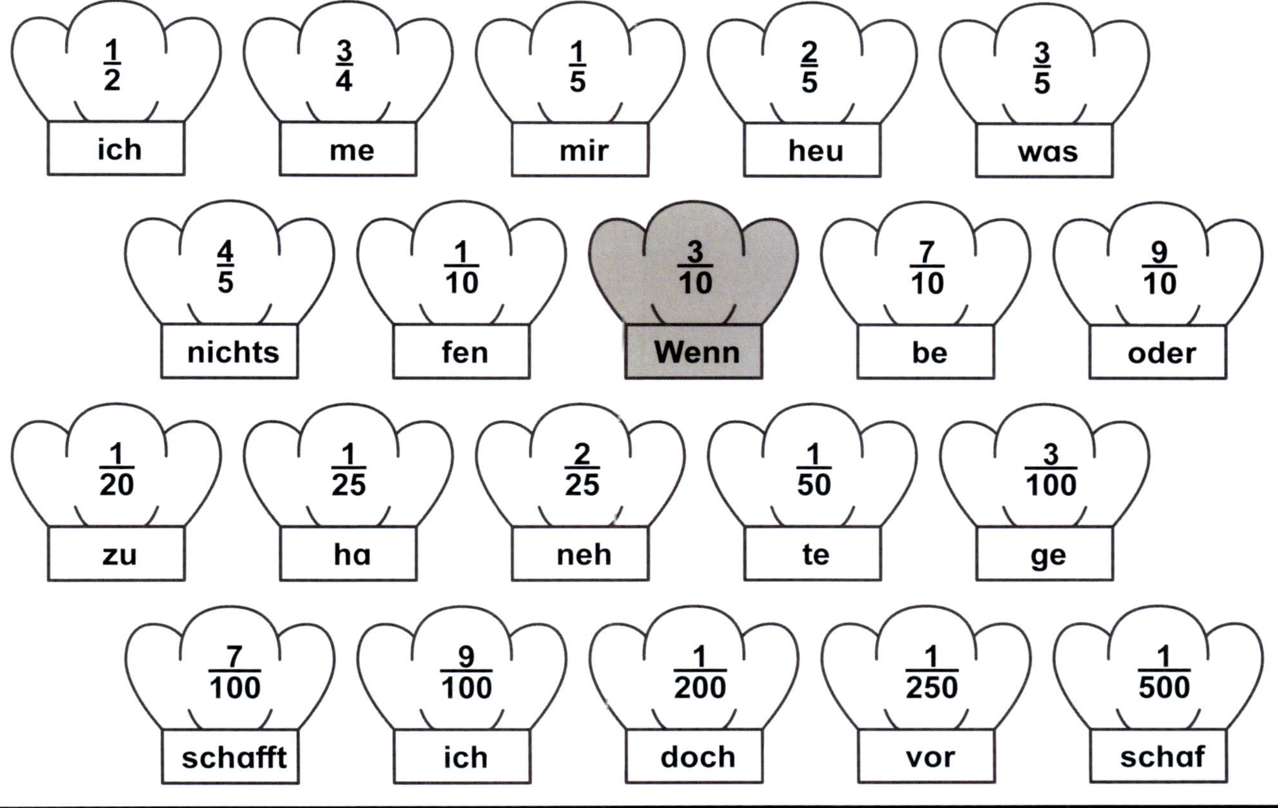

Lösungssatz: Wenn ____ _____ _____–____ _____–______–_____,
_____ ____ ______–_____, ____–____ ____ _____ _____ _____–
_______, ______?

GEHEIMSCHRIFT

MATHE-TRAINING ... zur Wiederholung & Festigung / Klasse 6 – Bestell-Nr. 13 026

– LÖSUNG –

Dezimal-zahl	Bruch	Silbe
0,3 =	$\frac{3}{10}$	Wenn
0,5 =	$\frac{1}{2}$	ich
0,2 =	$\frac{1}{5}$	mir
0,4 =	$\frac{2}{5}$	heu
0,02 =	$\frac{1}{50}$	te
0,004 =	$\frac{1}{250}$	vor
0,08 =	$\frac{2}{25}$	neh
0,75 =	$\frac{3}{4}$	me
0,8 =	$\frac{4}{5}$	nichts
0,05 =	$\frac{1}{20}$	zu

Dezimal-zahl	Bruch	Silbe
0,002 =	$\frac{1}{500}$	schaf
0,1 =	$\frac{1}{10}$	fen
0,04 =	$\frac{1}{25}$	ha
0,7 =	$\frac{7}{10}$	be
0,09 =	$\frac{9}{100}$	ich
0,005 =	$\frac{1}{200}$	doch
0,6 =	$\frac{3}{5}$	was
0,03 =	$\frac{3}{100}$	ge
0,07 =	$\frac{7}{100}$	schafft
0,9 =	$\frac{9}{10}$	oder

Lösungssatz:

Wenn ich mir heute vornehme, nichts zu schaffen, habe ich doch was geschafft, oder?

KOHL VERLAG Lernen mit Erfolg
MATHE-TRAINING
... zur Wiederholung & Festigung / Klasse 6 – Bestell-Nr. 13 026

Von der Dezimalzahl zum Bruch (Umwandeln)

Wandle um in einen Bruch oder eine gemischte Zahl. Kürze so weit wie möglich. Ordne aus dem Schlüssel die richtigen Buchstaben zu.

Dezimal-zahl	Bruch	Silbe
2,08 =	$2\frac{2}{25}$	Hey
4,80 =		
0,05 =		
3,25 =		
4,07 =		
2,02 =		
1,04 =		
0,75 =		
1,50 =		
3,90 =		

Dezimal-zahl	Bruch	Silbe
2,002 =		
4,005 =		
3,05 =		
2,55 =		
1,01 =		
0,08 =		
4,70 =		
1,03 =		
0,075 =		
2,04 =		

Schlüssel:

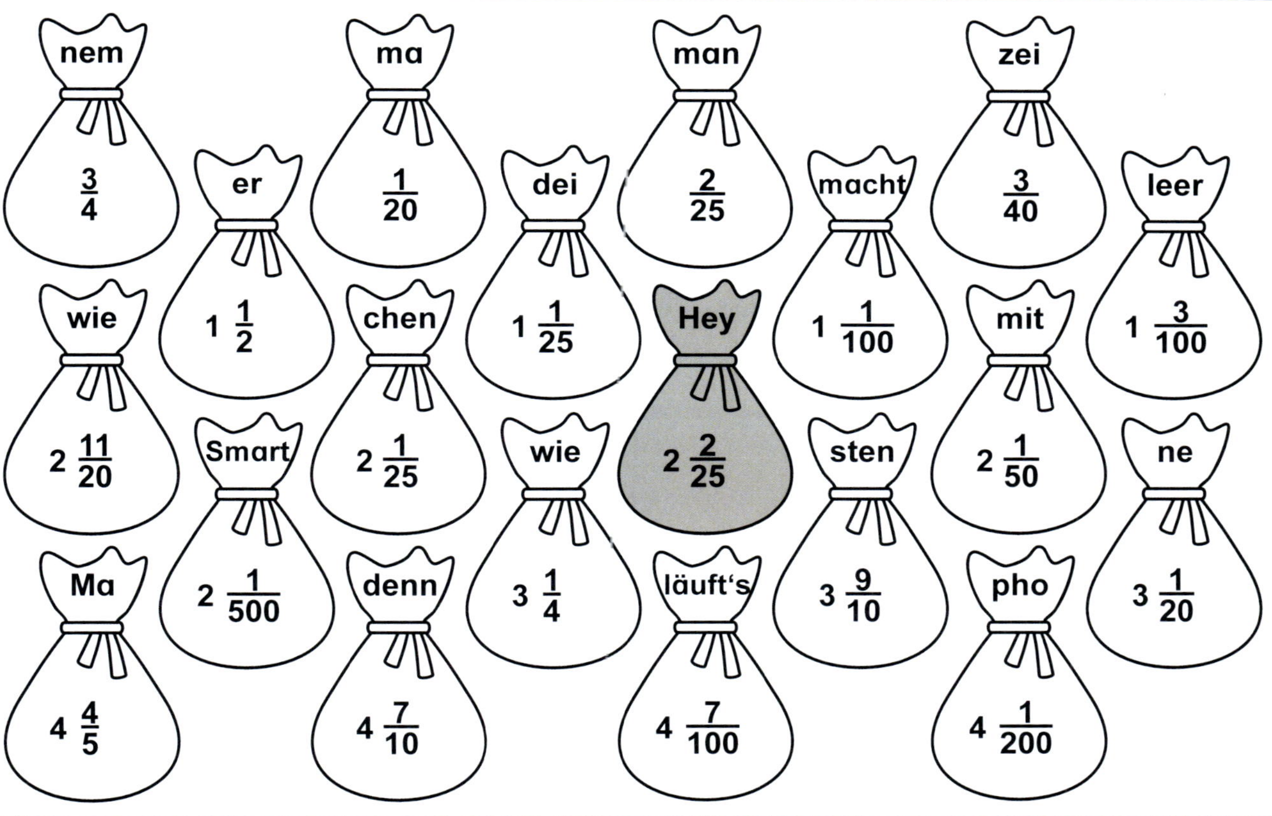

Lösungssatz: „Hey ___–___, ___ ___ ___ ___–___ ___–
___ ___–___–___?" „____________________?"

GEHEIMSCHRIFT

MATHE-TRAINING ... zur Wiederholung & Festigung / Klasse 6 – Bestell-Nr. 13 026

Von der Dezimalzahl zum Bruch (Umwandeln)

– LÖSUNG –

Dezimal-zahl	Bruch	Silbe
2,08 =	$2\frac{2}{25}$	Hey
4,80 =	$4\frac{4}{5}$	Ma
0,05 =	$\frac{1}{20}$	ma
3,25 =	$3\frac{1}{4}$	wie
4,07 =	$4\frac{7}{100}$	läufts
2,02 =	$2\frac{1}{50}$	mit
1,04 =	$1\frac{1}{25}$	dei
0,75 =	$\frac{3}{4}$	nem
1,50 =	$1\frac{1}{2}$	er
3,90 =	$3\frac{9}{10}$	sten

Dezimal-zahl	Bruch	Silbe
2,002 =	$2\frac{1}{500}$	Smart
4,005 =	$4\frac{1}{200}$	pho
3,05 =	$3\frac{1}{20}$	ne
2,55 =	$2\frac{11}{20}$	wie
1,01 =	$1\frac{1}{100}$	macht
0,08 =	$\frac{2}{25}$	man
4,70 =	$4\frac{7}{10}$	denn
1,03 =	$1\frac{3}{100}$	leer
0,075 =	$\frac{3}{40}$	zei
2,04 =	$2\frac{1}{25}$	chen

Lösungssatz:

„Hey Mama, wie läuft's mit deinem ersten Smartphone?"
„wiemachtmandennleerzeichen?"

GEHEIMSCHRIFT

KOHL VERLAG MATHE-TRAINING ... zur Wiederholung & Festigung / Klasse 6 – Bestell-Nr. 13 026

Von der Dezimalzahl zum Bruch (Umwandeln)

24**

Wandle um in eine gemischte Zahl. Kürze so weit wie möglich.
Ordne aus dem Schlüssel die richtigen Buchstaben zu.

Dezimalzahl	Bruch	Silbe
4,15 =	$4\frac{3}{20}$	Ma
3,08 =		
2,35 =		
1,48 =		
3,55 =		
3,45 =		
1,85 =		
3,28 =		
2,86 =		
4,65 =		

Dezimalzahl	Bruch	Silbe
2,875 =		
1,055 =		
3,025 =		
4,495 =		
2,345 =		
2,625 =		
4,125 =		
1,654 =		
2,725 =		
3,095 =		

Schlüssel:

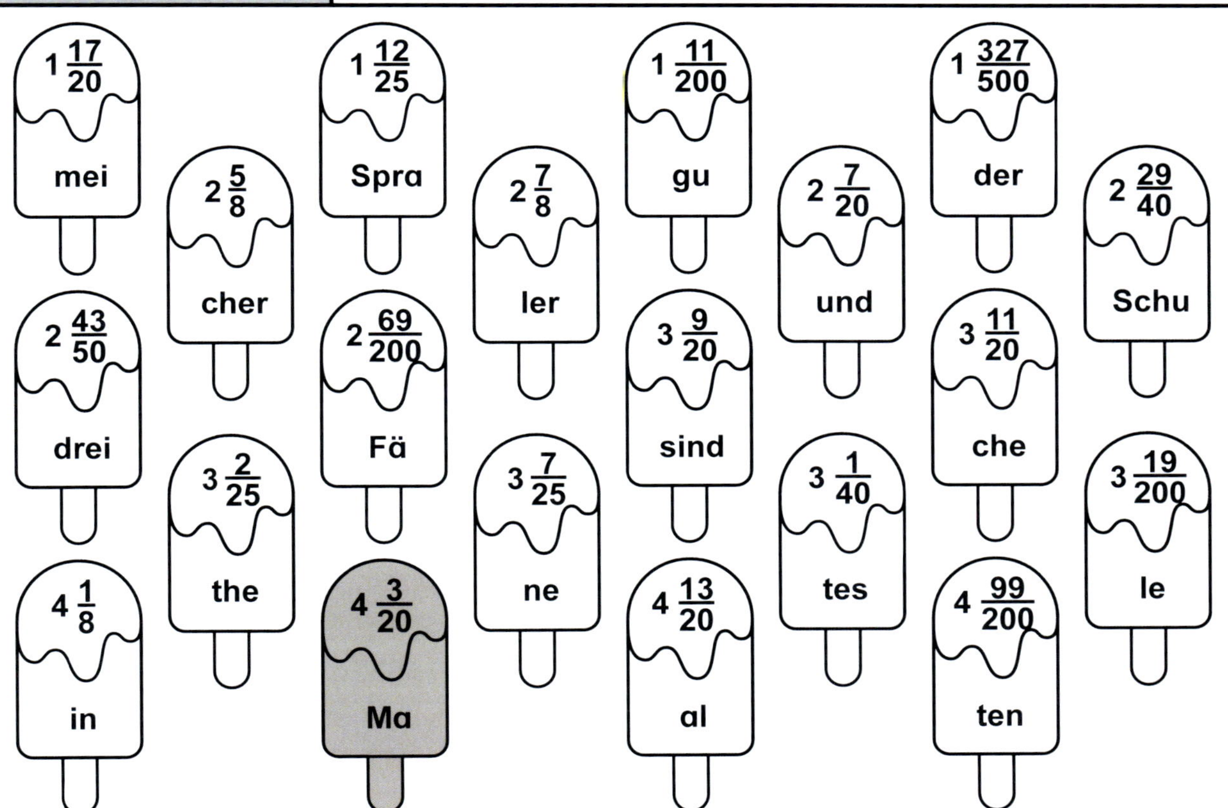

Lösungssatz: Ma –____ ____ ____–____ ____ ____–____ ____ ____–
____–____–____–____ ____–____ ____ ____ ____–____.

GEHEIMSCHRIFT

MATHE-TRAINING ... zur Wiederholung & Festigung / Klasse 6 – Bestell-Nr. 13 026
KOHL VERLAG Lernen mit Erfolg

Von der Dezimalzahl zum Bruch (Umwandeln)

24**

– LÖSUNG –

Dezimal-zahl	Bruch	Silbe
4,15 =	$4\frac{3}{20}$	Ma
3,08 =	$3\frac{2}{25}$	the
2,35 =	$2\frac{7}{20}$	und
1,48 =	$1\frac{12}{25}$	Spra
3,55 =	$3\frac{11}{20}$	che
3,45 =	$3\frac{9}{20}$	sind
1,85 =	$1\frac{17}{20}$	mei
3,28 =	$3\frac{7}{25}$	ne
2,86 =	$2\frac{43}{50}$	drei
4,65 =	$4\frac{13}{20}$	al

Dezimal-zahl	Bruch	Silbe
2,875 =	$2\frac{7}{8}$	ler
1,055 =	$1\frac{11}{200}$	gu
3,025 =	$3\frac{1}{40}$	tes
4,495 =	$4\frac{99}{200}$	ten
2,345 =	$2\frac{69}{200}$	Fä
2,625 =	$2\frac{5}{8}$	cher
4,125 =	$4\frac{1}{8}$	in
1,654 =	$1\frac{327}{500}$	der
2,725 =	$2\frac{29}{40}$	Schu
3,095 =	$3\frac{19}{200}$	le

Lösungssatz:

Mathe und Sprache sind meine drei allergutesten Fächer in der Schule.

GEHEIMSCHRIFT

KOHL VERLAG
MATHE-TRAINING
... zur Wiederholung & Festigung / Klasse 6 – Bestell-Nr. 13 026

Dezimalzahlen als Prozente schreiben

Wandle die Dezimalzahlen in Prozente um. Verbinde im Bild die Punkte bei den Prozentzahlen in der Reihenfolge der Aufgaben.

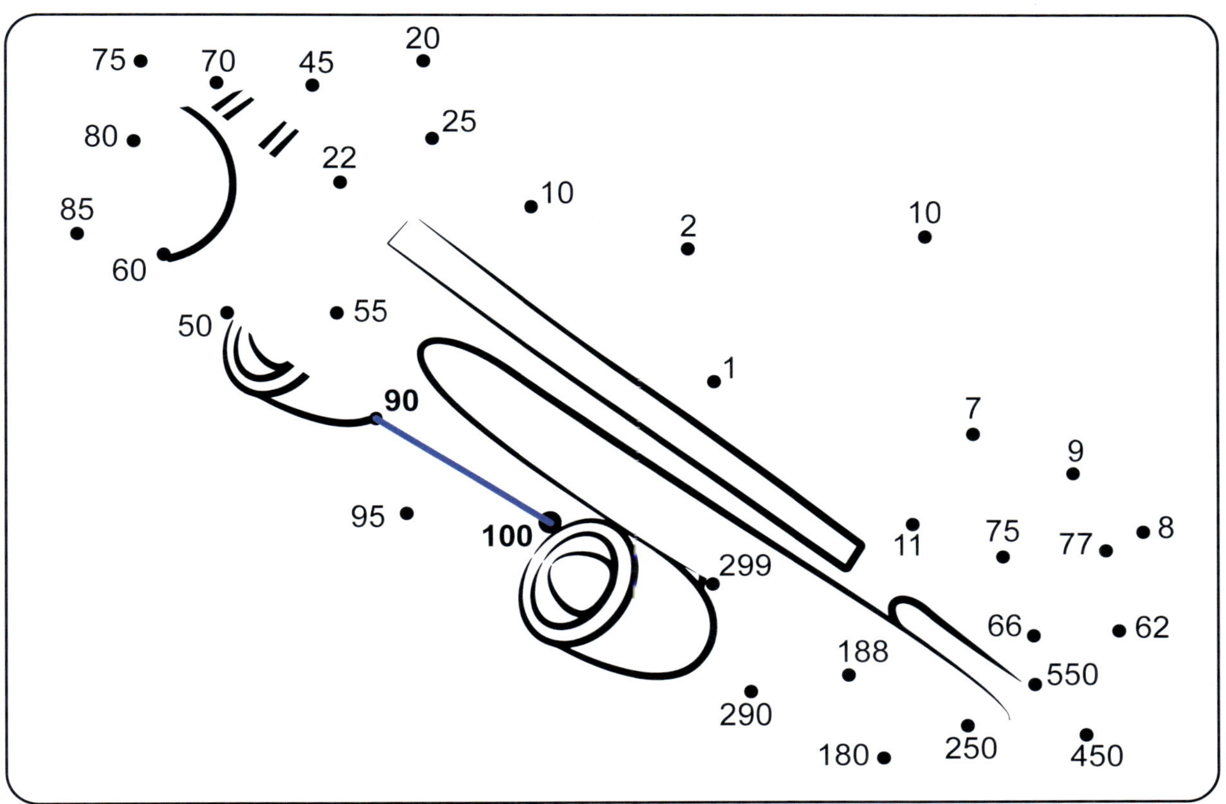

Dezimalzahl	Prozente
1,0	**100 %**
0,9	**90 %**
0,5	
0,6	
0,8	
0,7	
0,45	
0,25	
0,1	
0,01	

Dezimalzahl	Prozente
0,11	
0,09	
0,08	
0,77	
0,66	
5,5	
4,5	
2,5	
1,88	
2,99	

BILD AUS PUNKTEN

KOHL VERLAG
MATHE-TRAINING
... zur Wiederholung & Festigung / Klasse 6 – Bestell-Nr. 13 026

– LÖSUNG –

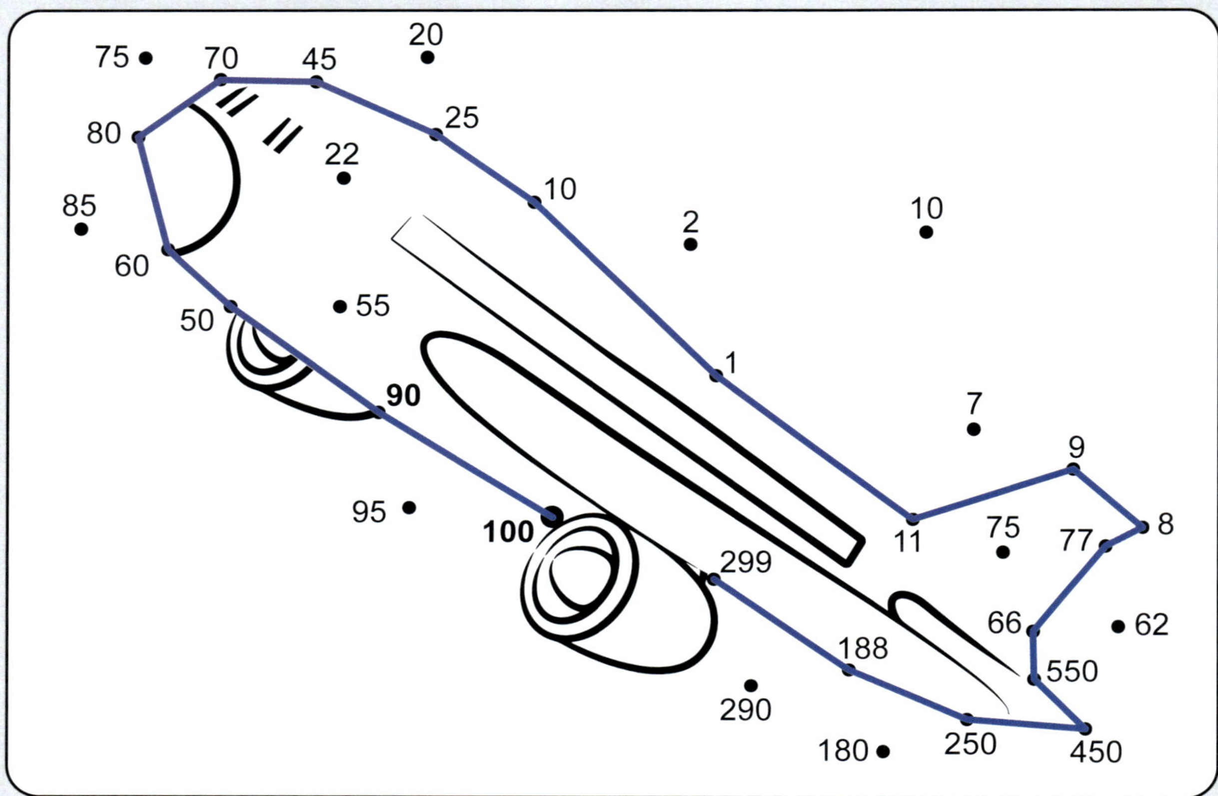

Dezimalzahl	Prozente
1,0	**100 %**
0,9	**90 %**
0,5	**50 %**
0,6	**60 %**
0,8	**80 %**
0,7	**70 %**
0,45	**45 %**
0,25	**25 %**
0,1	**10 %**
0,01	**1 %**

Dezimalzahl	Prozente
0,11	**11 %**
0,09	**9 %**
0,08	**8 %**
0,77	**77 %**
0,66	**66 %**
5,5	**550 %**
4,5	**450 %**
2,5	**250 %**
1,88	**188 %**
2,99	**299 %**

KOHL VERLAG MATHE-TRAINING ... zur Wiederholung & Festigung / Klasse 6 – Bestell-Nr. 13 026

Brüche als Prozente schreiben

Wandle die Brüche in Prozente um. Verbinde im Bild die Punkte bei den Prozentzahlen in der Reihenfolge der Aufgaben.

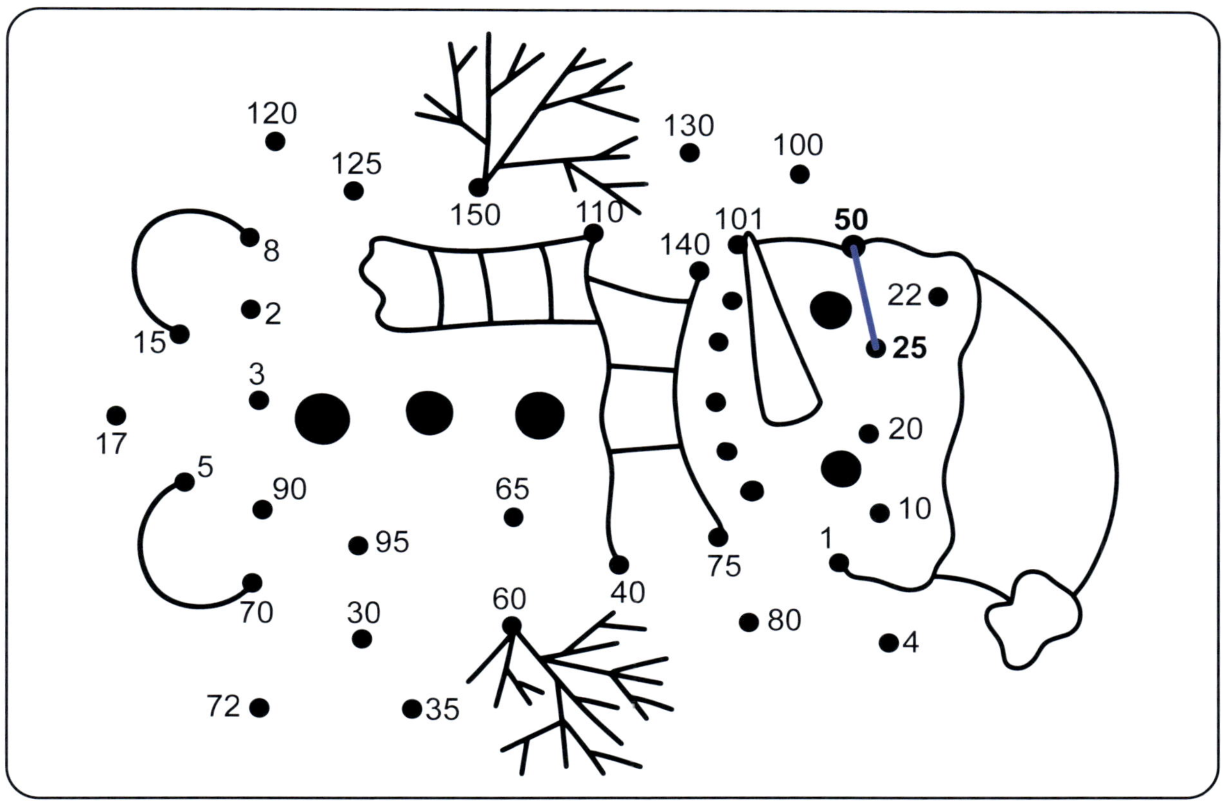

Bruch	Prozente
$\frac{1}{2}$	**50 %**
$\frac{1}{4}$	**25 %**
$\frac{1}{5}$	
$\frac{1}{10}$	
$\frac{1}{100}$	
$\frac{3}{4}$	
$\frac{2}{5}$	
$\frac{3}{5}$	
$\frac{3}{10}$	
$\frac{7}{10}$	

Bruch	Prozente
$\frac{9}{10}$	
$\frac{5}{100}$	
$\frac{15}{100}$	
$\frac{1}{50}$	
$\frac{4}{50}$	
$\frac{5}{4}$	
$\frac{3}{2}$	
$\frac{11}{10}$	
$\frac{7}{5}$	
$\frac{101}{100}$	

– LÖSUNG –

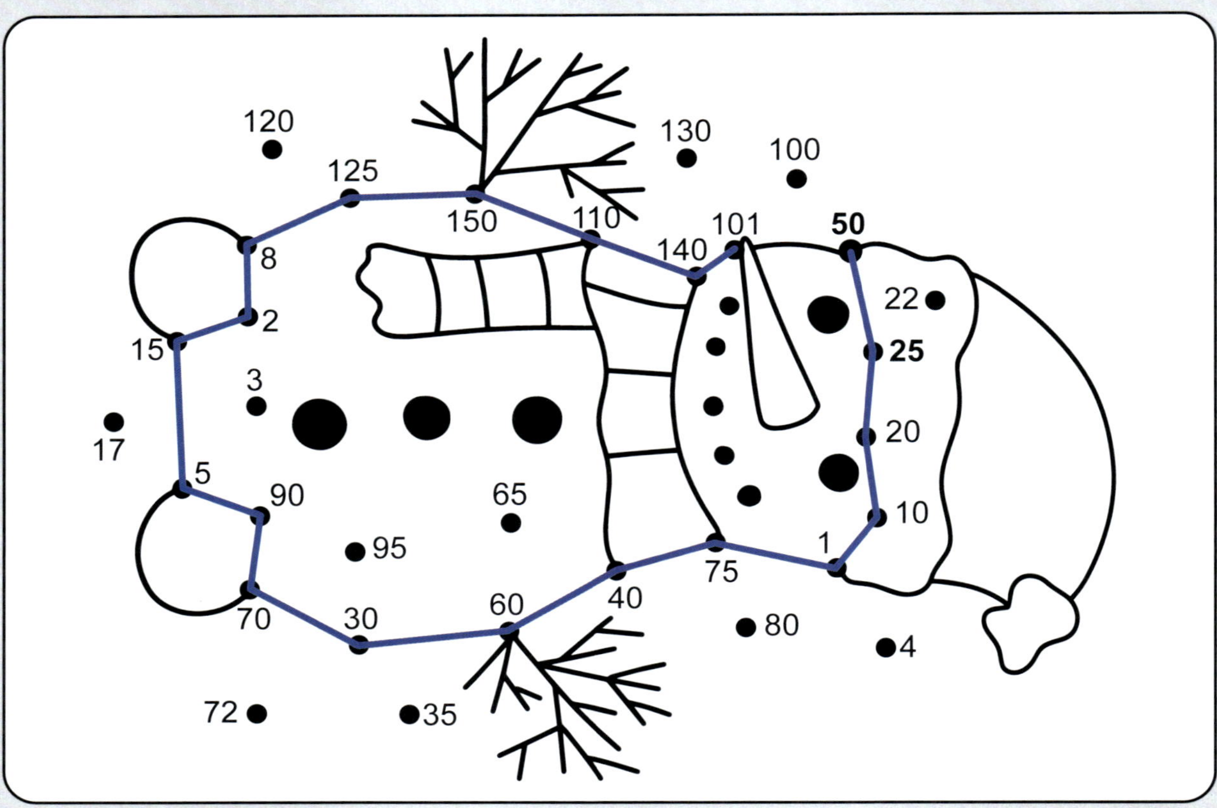

Bruch	Prozente
$\frac{1}{2}$	**50 %**
$\frac{1}{4}$	**25 %**
$\frac{1}{5}$	**20 %**
$\frac{1}{10}$	**10 %**
$\frac{1}{100}$	**1 %**
$\frac{3}{4}$	**75 %**
$\frac{2}{5}$	**40 %**
$\frac{3}{5}$	**60 %**
$\frac{3}{10}$	**30 %**
$\frac{7}{10}$	**70 %**

Bruch	Prozente
$\frac{9}{10}$	**90 %**
$\frac{5}{100}$	**5 %**
$\frac{15}{100}$	**15 %**
$\frac{1}{50}$	**2 %**
$\frac{4}{50}$	**8 %**
$\frac{5}{4}$	**125 %**
$\frac{3}{2}$	**150 %**
$\frac{11}{10}$	**110 %**
$\frac{7}{5}$	**140 %**
$\frac{101}{100}$	**101 %**

KOHL VERLAG Lernen mit Erfolg
MATHE-TRAINING
... zur Wiederholung & Festigung / Klasse 6 – Bestell-Nr. 13 026

Brüche als Prozente schreiben

Wandle die Brüche in Prozente um. Verbinde im Bild die Punkte bei den Prozentzahlen in der Reihenfolge der Aufgaben.

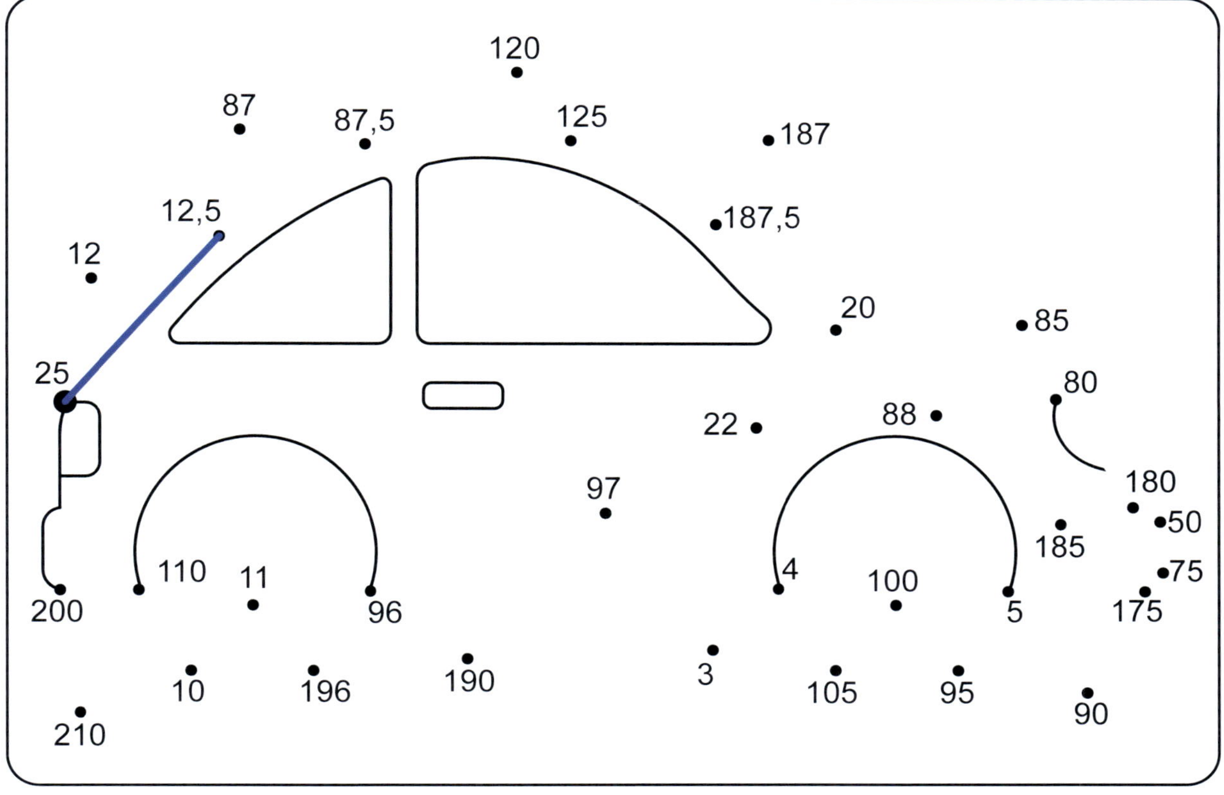

Bruch	Prozente
$\frac{1}{4}$	**25 %**
$\frac{1}{8}$	**12,5 %**
$\frac{7}{8}$	
$\frac{10}{8}$	
$\frac{15}{8}$	
$\frac{1}{5}$	
$\frac{4}{5}$	
$\frac{9}{5}$	
$\frac{6}{12}$	
$\frac{9}{12}$	

Bruch	Prozente
$\frac{21}{12}$	
$\frac{1}{20}$	
$\frac{19}{20}$	
$\frac{21}{20}$	
$\frac{1}{25}$	
$\frac{24}{25}$	
$\frac{49}{25}$	
$\frac{4}{40}$	
$\frac{44}{40}$	
$\frac{6}{3}$	

BILD AUS PUNKTEN

KOHL VERLAG
MATHE-TRAINING
... zur Wiederholung & Festigung / Klasse 6 – Bestell-Nr. 13 026

– LÖSUNG –

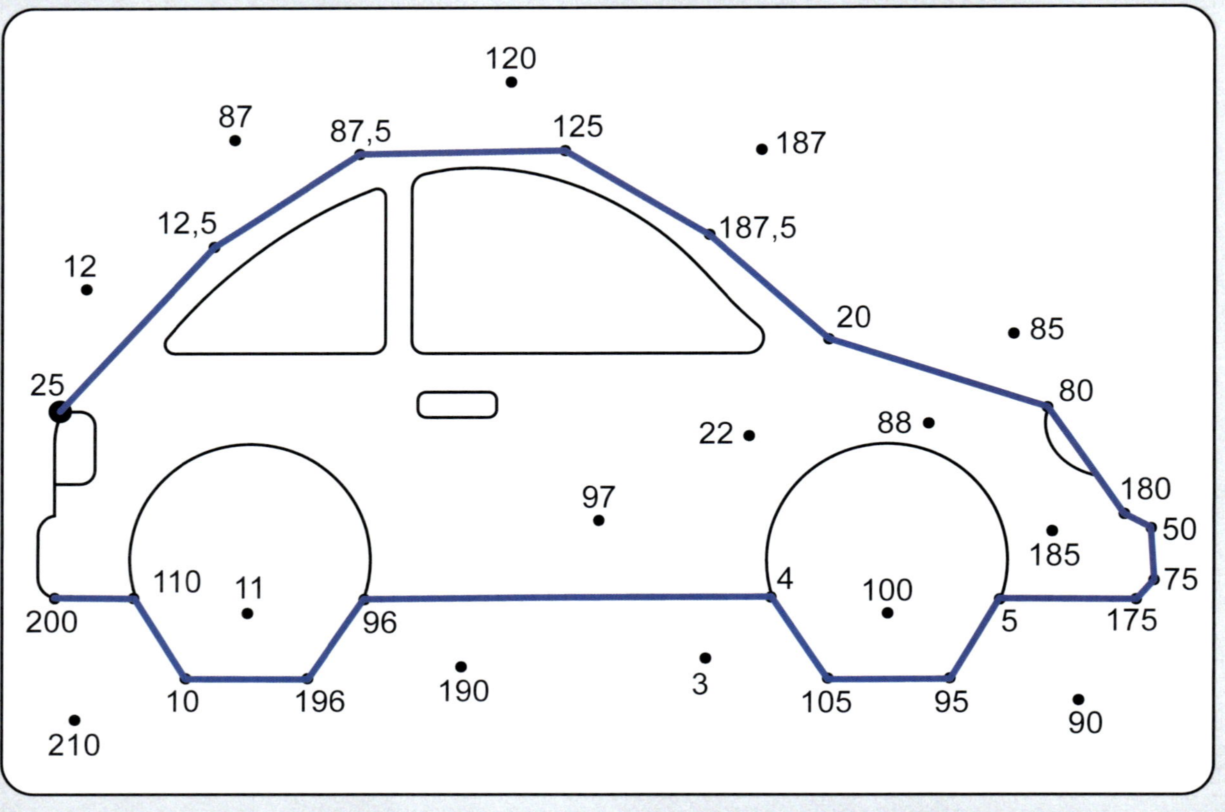

Bruch	Prozente
$\frac{1}{4}$	**25 %**
$\frac{1}{8}$	**12,5 %**
$\frac{7}{8}$	**87,5 %**
$\frac{10}{8}$	**125 %**
$\frac{15}{8}$	**187,5 %**
$\frac{1}{5}$	**20 %**
$\frac{4}{5}$	**80 %**
$\frac{9}{5}$	**180 %**
$\frac{6}{12}$	**50 %**
$\frac{9}{12}$	**75 %**

Bruch	Prozente
$\frac{21}{12}$	**175 %**
$\frac{1}{20}$	**5 %**
$\frac{19}{20}$	**95 %**
$\frac{21}{20}$	**105 %**
$\frac{1}{25}$	**4 %**
$\frac{24}{25}$	**96 %**
$\frac{49}{25}$	**196 %**
$\frac{4}{40}$	**10 %**
$\frac{44}{40}$	**110 %**
$\frac{6}{3}$	**200 %**

BILD AUS PUNKTEN

KOHL VERLAG MATHE-TRAINING ... zur Wiederholung & Festigung / Klasse 6 – Bestell-Nr. 13 026

Rechne aus und male dann nur die Felder mit den Ergebniszahlen mit einer Farbe aus.

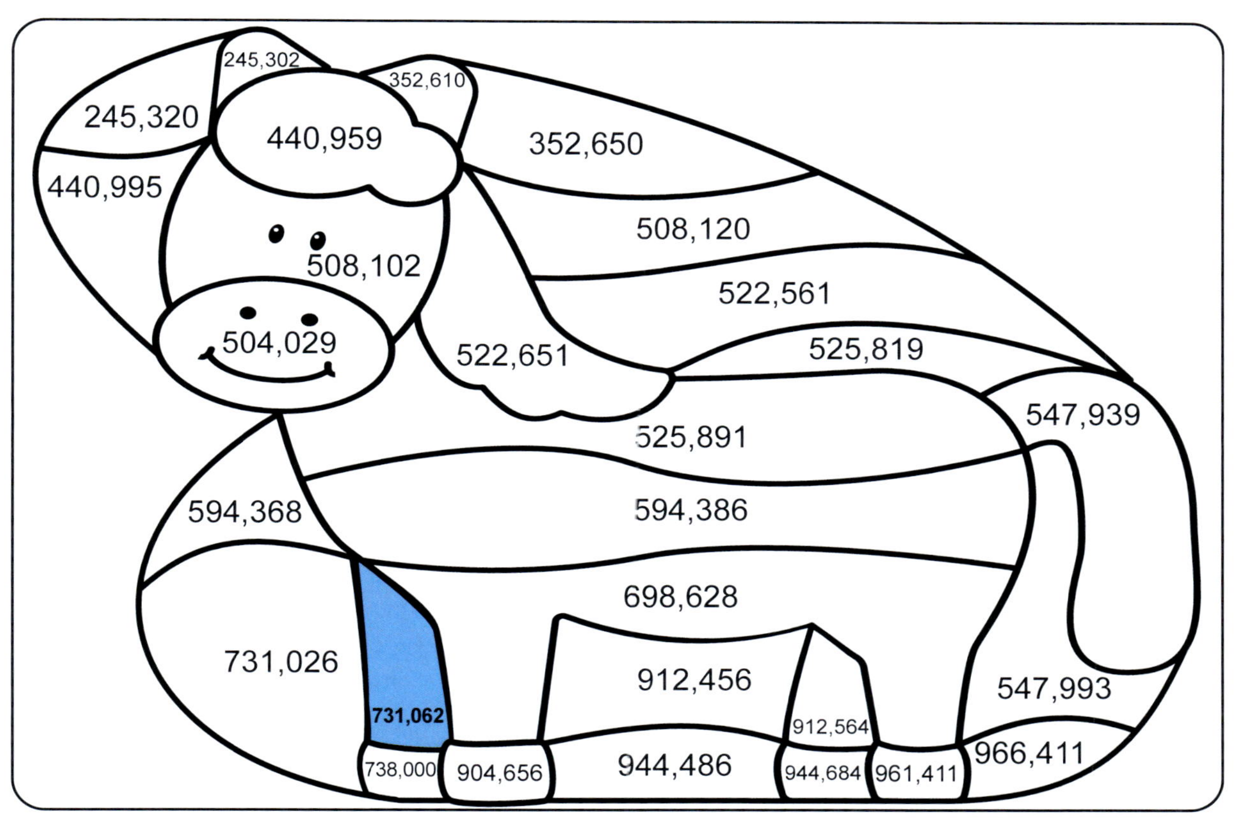

		9	2,	8	4	7
+	6	3	8,	2	1	5
	1	1	1		1	
	7	3	1,	0	6	2

	8	2	4,	1	2	3
+		8	0,	5	3	3

		3	3,	8	8	4
+	2	1	1,	4	1	8

		6	0,	6	0	6
+	4	8	7,	3	3	3

		6	9,	0	4	4
+	4	5	6,	8	4	7

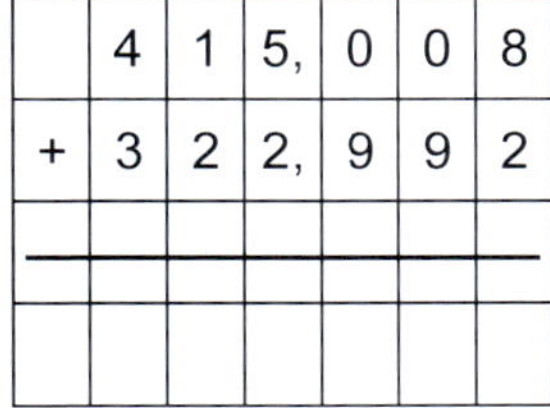

	4	1	5,	0	0	8
+	3	2	2,	9	9	2

	1	2	3,	4	5	6
+	7	8	9,	1	0	8

		7	8,	6	6	5
+	4	2	5,	3	6	4

	5	4	1,	4	3	0
–		1	8,	7	7	9

	7	5	0,	0	1	7
–	1	5	5,	6	3	1

	8	6	3,	2	9	0
–	4	2	2,	3	3	1

	9	7	4,	3	7	4
–		1	2,	9	6	3

	9	9	4,	5	4	9
–		4	9,	8	6	5

	9	3	7,	5	3	8
–	4	2	9,	4	3	6

	3	7	7,	5	0	9
–		2	4,	8	9	9

	9	6	2,	5	5	0
–	2	6	3,	9	2	2

AUSMALEN

KOHL VERLAG
MATHE-TRAINING ... zur Wiederholung & Festigung / Klasse 6 – Bestell-Nr. 13 026

– LÖSUNG –

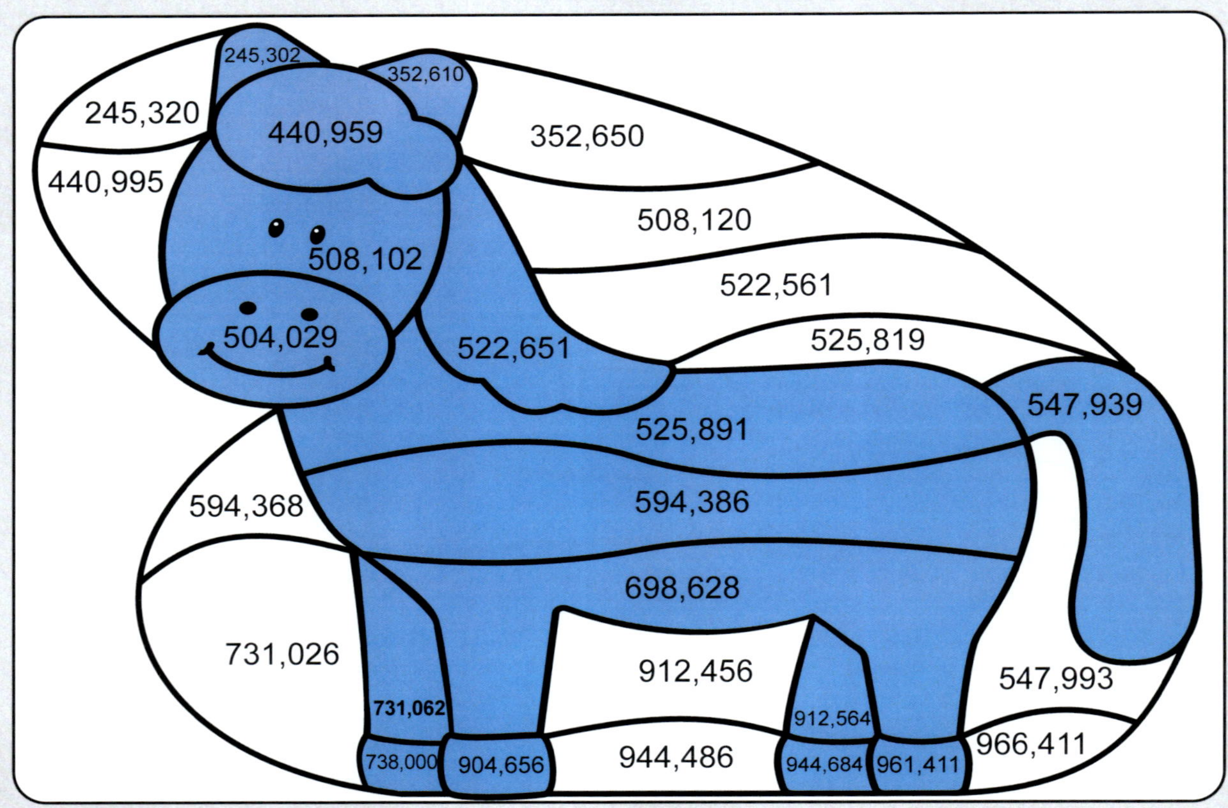

		9	2,	8	4	7
+	6	3	8,	2	1	5
	1	1	1		1	
	7	**3**	**1,**	**0**	**6**	**2**

	8	2	4,	1	2	3
+		8	0,	5	3	3
	1					
	9	**0**	**4,**	**6**	**5**	**6**

		3	3,	8	8	4
+	2	1	1,	4	1	8
			1	1	1	
	2	**4**	**5,**	**3**	**0**	**2**

		6	0,	6	0	6
+	4	8	7,	3	3	3
	1					
	5	**4**	**7,**	**9**	**3**	**9**

		6	9,	0	4	4
+	4	5	6,	8	4	7
	1	1			1	
	5	**2**	**5,**	**8**	**9**	**1**

	4	1	5,	0	0	8
+	3	2	2,	9	9	2
			1	1	1	
	7	**3**	**8,**	**0**	**0**	**0**

	1	2	3,	4	5	6
+	7	8	9,	1	0	8
	1	1			1	
	9	**1**	**2,**	**5**	**6**	**4**

		7	8,	6	6	5
+	4	2	5,	3	6	4
	1	1	1	1		
	5	**0**	**4,**	**0**	**2**	**9**

	5	4	1,	4	3	0
–		1	8,	7	7	9
		1	1	1	1	
	5	**2**	**2,**	**6**	**5**	**1**

	7	5	0,	0	1	7
–	1	5	5,	6	3	1
	1	1	1	1		
	5	**9**	**4,**	**3**	**8**	**6**

	8	6	3,	2	9	0
–	4	2	2,	3	3	1
			1		1	
	4	**4**	**0,**	**9**	**5**	**9**

	9	7	4,	3	7	4
–		1	2,	9	6	3
			1			
	9	**6**	**1,**	**4**	**1**	**1**

	9	9	4,	5	4	9
–		4	9,	8	6	5
		1	1	1		
	9	**4**	**4,**	**6**	**8**	**4**

	9	3	7,	5	3	8
–	4	2	9,	4	3	6
		1				
	5	**0**	**8,**	**1**	**0**	**2**

	3	7	7,	5	0	9
–		2	4,	8	9	9
			1	1		
	3	**5**	**2,**	**6**	**1**	**0**

	9	6	2,	5	5	0
–	2	6	3,	9	2	2
	1	1	1		1	
	6	**9**	**8,**	**6**	**2**	**8**

AUSMALEN

KOHL VERLAG MATHE-TRAINING ... zur Wiederholung & Festigung / Klasse 6 – Bestell-Nr. 13 026

Rechnen mit Dezimalzahlen (Addieren und Subtrahieren)

Rechne aus und male dann nur die Felder mit den Ergebniszahlen mit einer Farbe aus.

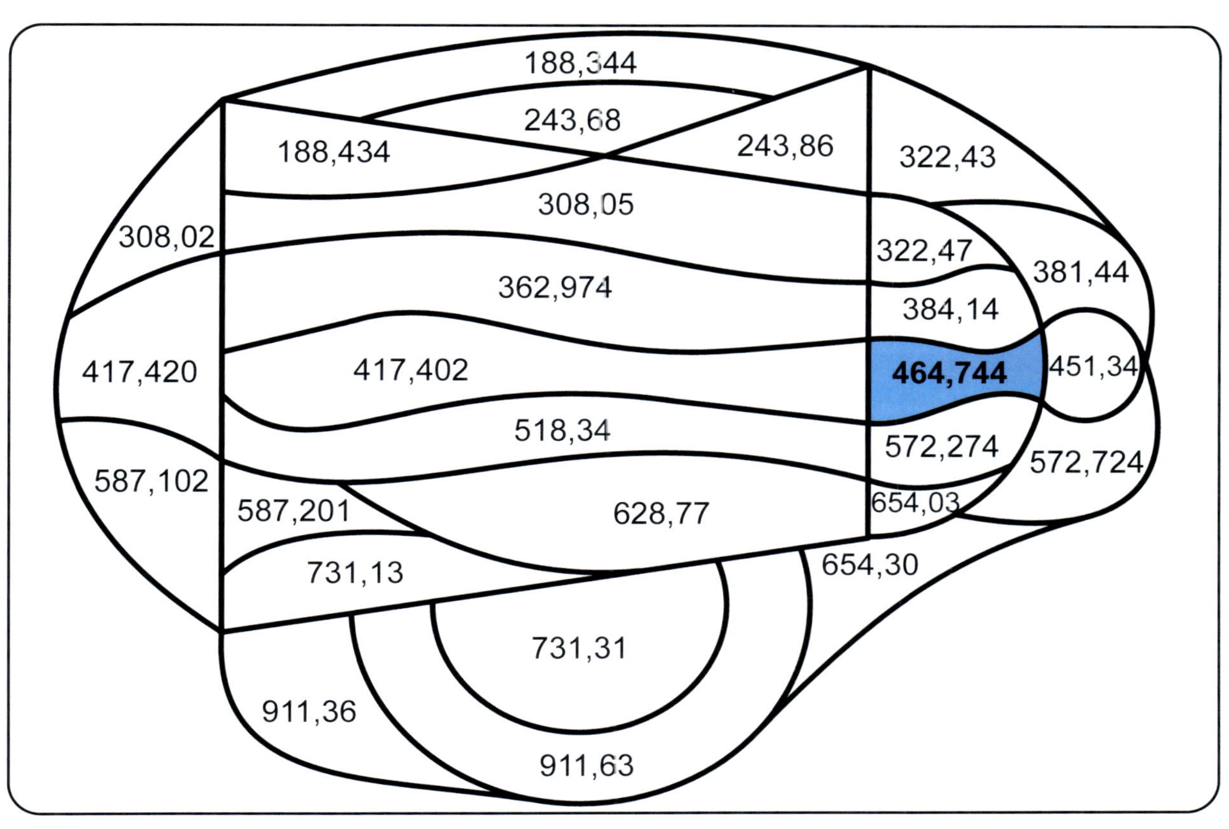

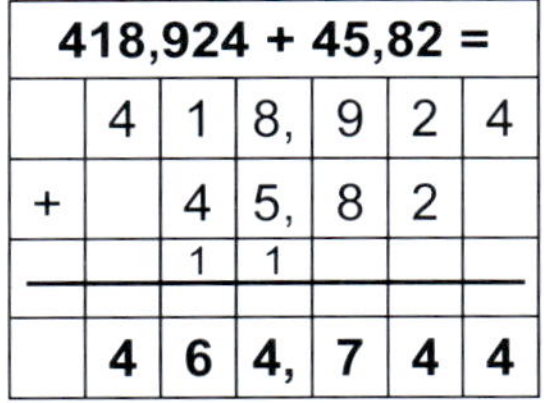

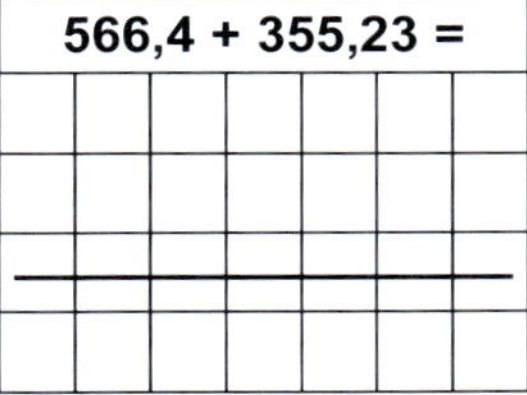

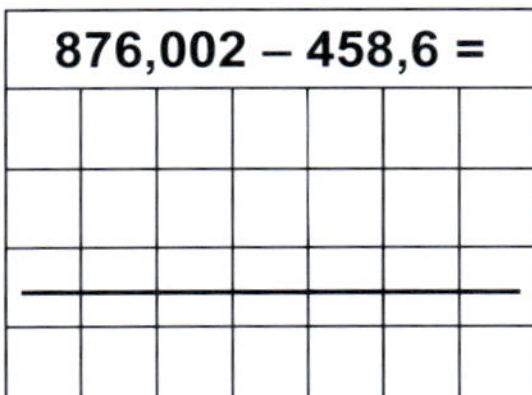

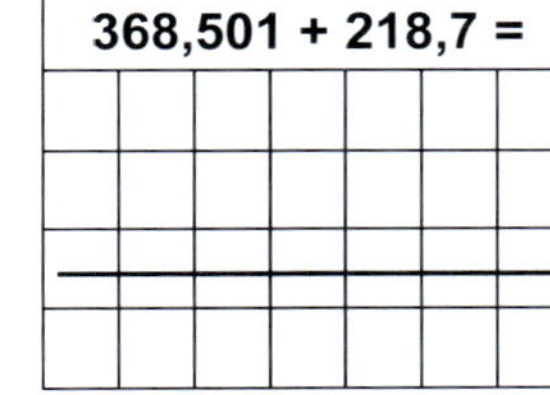

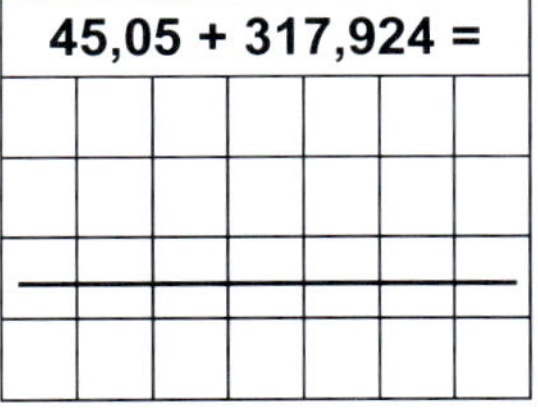

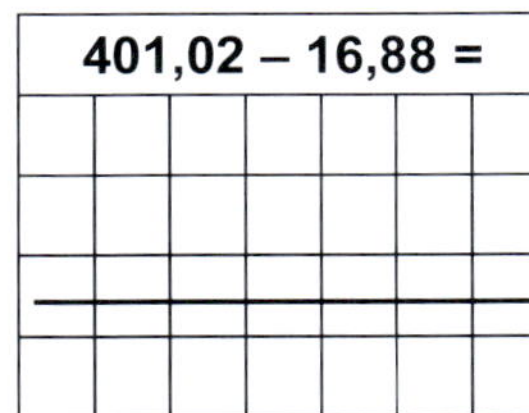

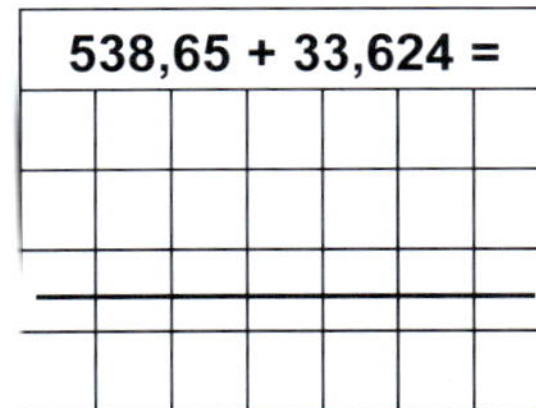

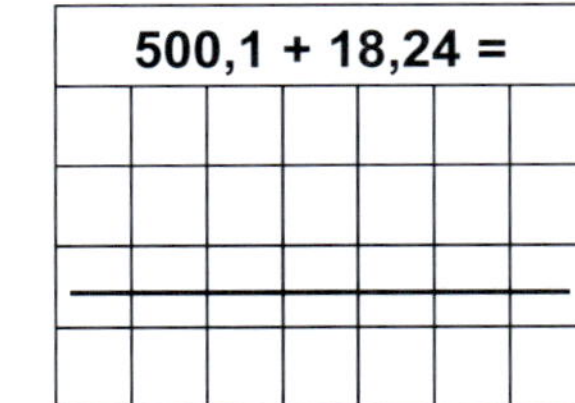

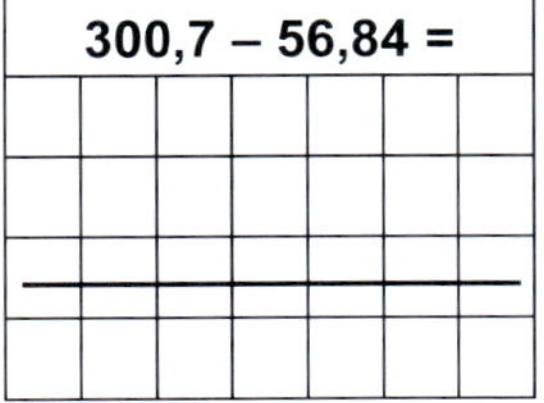

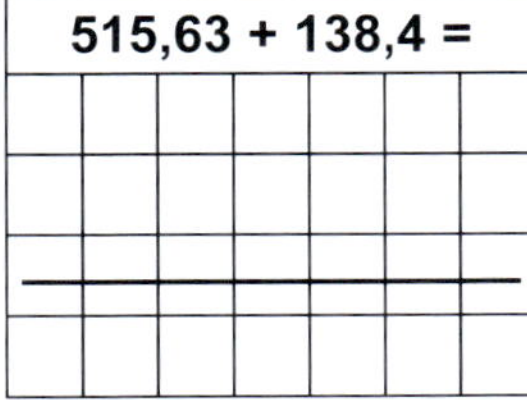

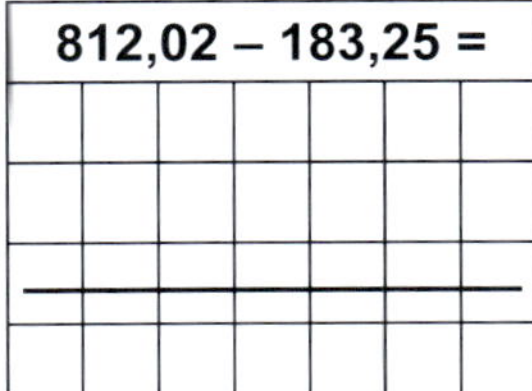

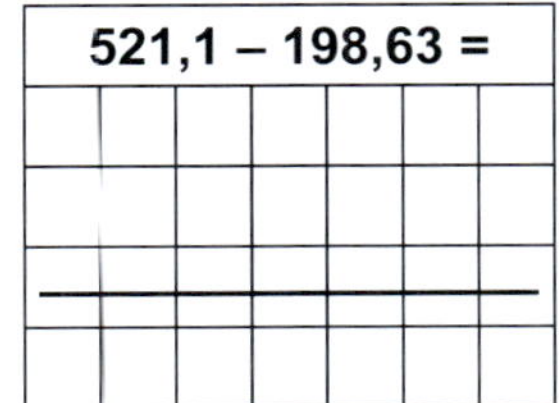

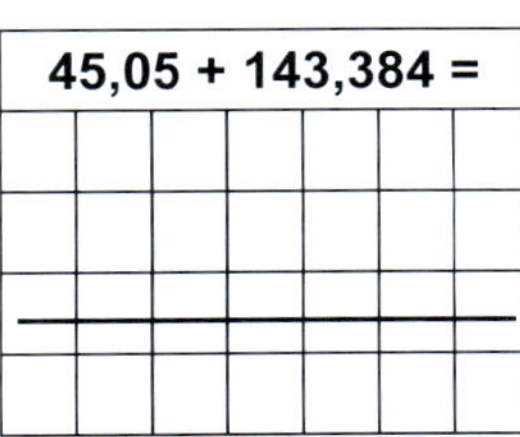

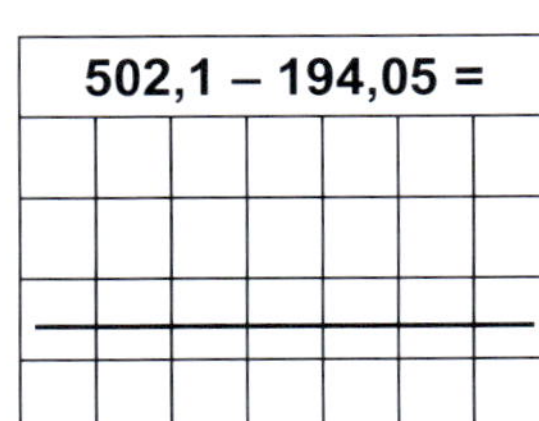

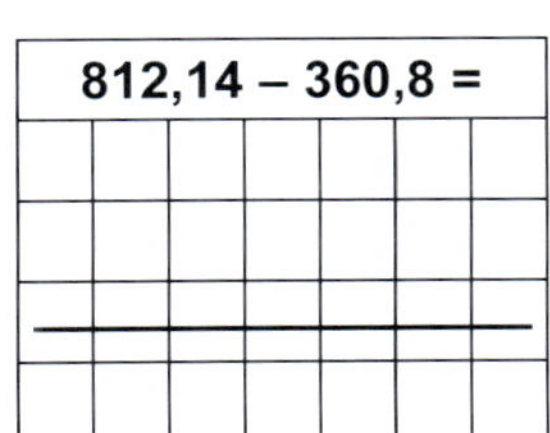

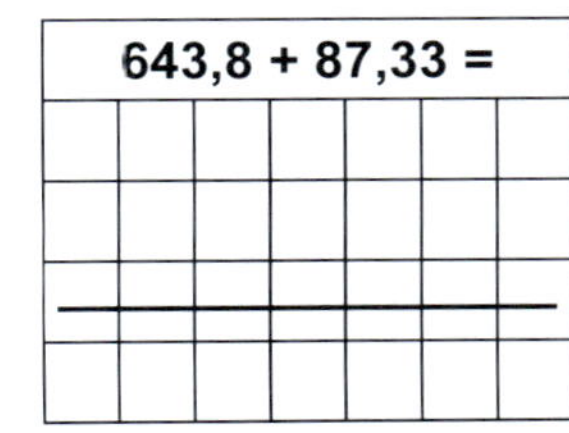

KOHL VERLAG
MATHE-TRAINING
... zur Wiederholung & Festigung / Klasse 6 – Bestell-Nr. 13 026

– LÖSUNG –

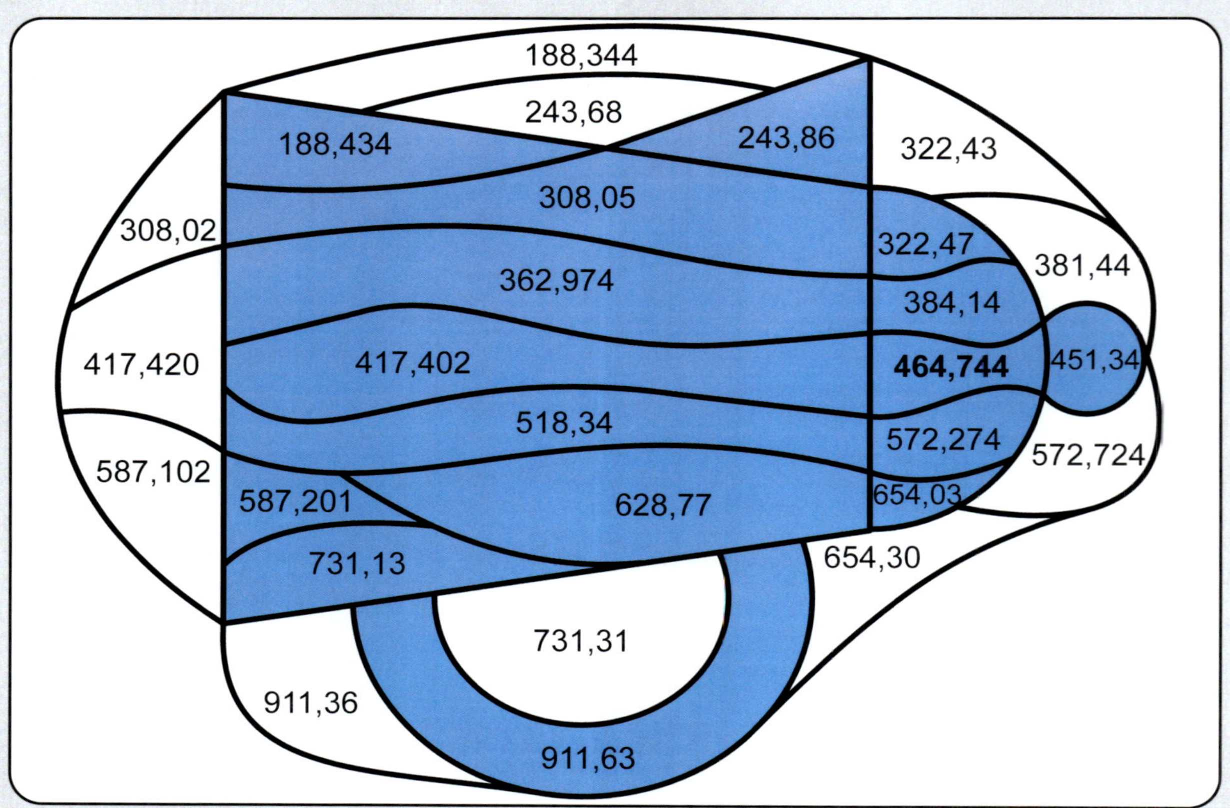

418,924 + 45,82 =						
	4	1	8,	9	2	4
+		4	5,	8	2	
		1	1			
	4	**6**	**4,**	**7**	**4**	**4**

566,4 + 355,23 =						
	5	5	6,	4		
+	3	5	5,	2	3	
	1	1				
	9	**1**	**1,**	**6**	**3**	

876,002 – 458,6 =						
	8	7	6,	0	0	2
–	4	5	8,	6		
		1	1			
	4	**1**	**7,**	**4**	**0**	**2**

368,501 + 218,7 =						
	3	6	8,	5	0	1
+	2	1	8,	7		
		1	1			
	5	**8**	**7,**	**2**	**0**	**1**

45,05 + 317,924 =						
		4	5,	0	5	
+	3	1	7,	9	2	4
		1				
	3	**6**	**2,**	**9**	**7**	**4**

401,02 – 16,88 =						
	4	0	1,	0	2	
–		1	6,	8	8	
	1	1	1	1		
	3	**8**	**4,**	**1**	**4**	

538,65 + 33,624 =						
	5	3	8,	6	5	
+		3	3,	6	2	4
		1	1			
	5	**7**	**2,**	**2**	**7**	**4**

500,1 + 18,24 =						
	5	0	0,	1		
+		1	8,	2	4	
	5	**1**	**8,**	**3**	**4**	

300,7 – 56,84 =						
	3	0	0,	7		
–		5	6,	8	4	
	1	1	1	1		
	2	**4**	**3,**	**8**	**6**	

515,63 + 138,4 =						
	5	1	5,	6	3	
+	1	3	8,	4		
		1	1			
	6	**5**	**4,**	**0**	**3**	

812,02 – 183,25 =						
	8	1	2,	0	2	
–	1	8	3,	2	5	
	1	1	1	1		
	6	**2**	**8,**	**7**	**7**	

521,1 – 198,63 =						
	5	2	1,	1		
–	1	9	8,	6	3	
	1	1	1	1		
	3	**2**	**2,**	**4**	**7**	

45,05 + 143,384 =						
		4	5,	0	5	
+	1	4	3,	3	8	4
				1		
	1	**8**	**8,**	**4**	**3**	**4**

502,1 – 194,05 =						
	5	0	2,	1		
–	1	9	4,	0	5	
	1	1		1		
	3	**0**	**8,**	**0**	**5**	

812,14 – 360,8 =						
	8	1	2,	1	4	
–	3	6	0,	8		
	1		1			
	4	**5**	**1,**	**3**	**4**	

643,8 + 87,33 =						
	6	4	3,	8		
+		8	7,	3	3	
	1	1	1			
	7	**3**	**1,**	**1**	**3**	

AUSMALEN

KOHL VERLAG
MATHE-TRAINING ... zur Wiederholung & Festigung / Klasse 6 – Bestell-Nr. 13 026

Rechnen mit Dezimalzahlen (Addieren und Subtrahieren)

30**

Rechne aus und male dann nur die Felder mit den Ergebniszahlen mit einer Farbe aus.

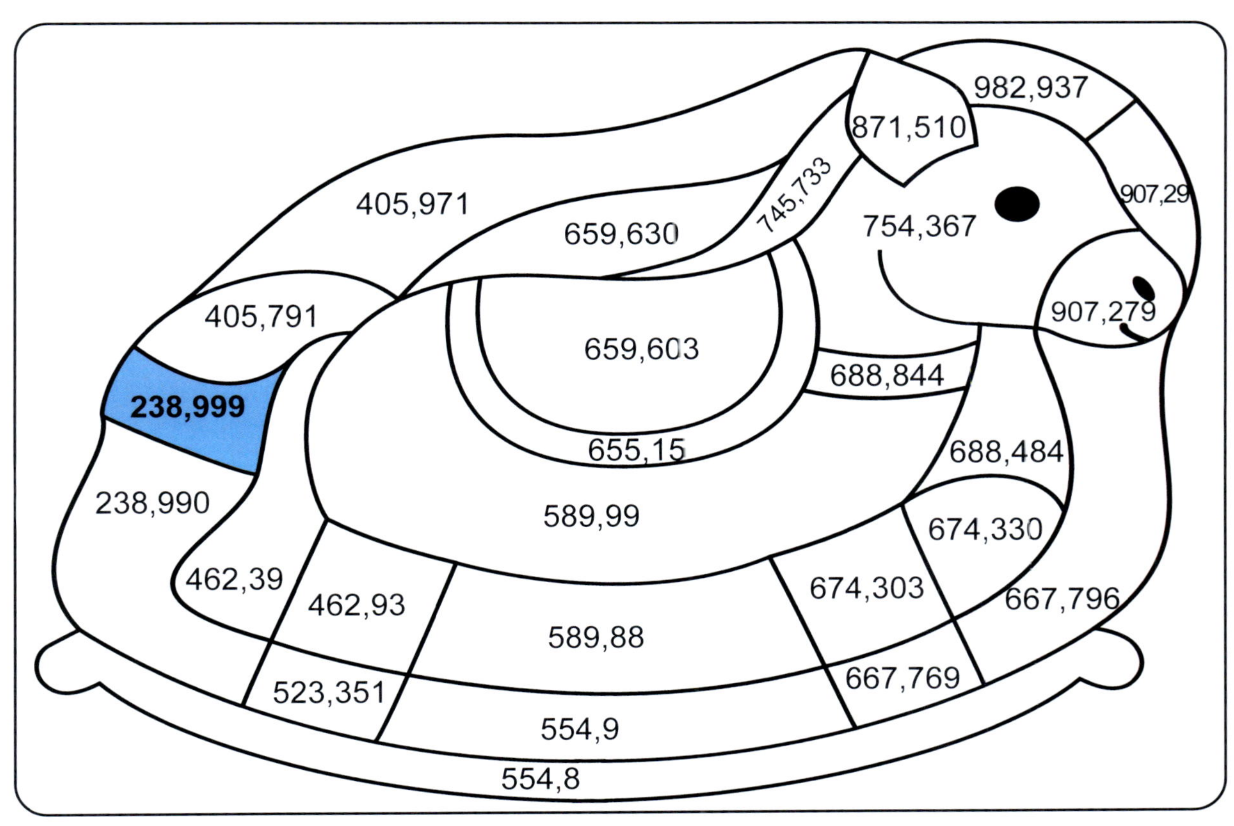

185,399 + 35,618 + 17,982 = **238,999**		822,05 – 166,9 = ______
81,955 + 672,341 + 0,071 = ______		828,75 – 238,76 = ______
726,17 + 0,9 + 18,663 = ______		501,03 – 38,1 = ______
308,201 + 361,44 + 19,203 = ______		751,003 – 76,7 = ______
96,558 + 885,6 + 0,779 = ______		622,3 – 67,5 = ______
800,743 + 1,287 + 69,48 = ______		430,19 – 24,399 = ______
633,6 + 0,403 + 25,6 = ______		712,12 – 44,351 = ______
302,3 + 5,679 + 599,3 = ______		600,111 – 76,76 = ______

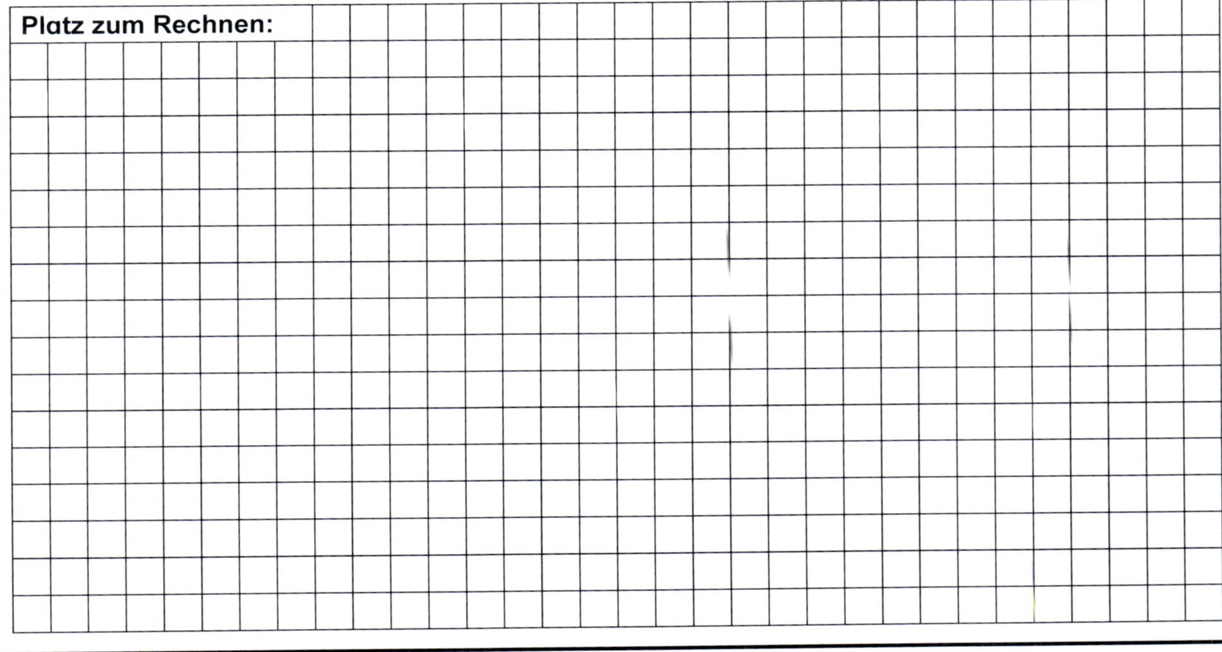

AUSMALEN

KOHL VERLAG
MATHE-TRAINING
... zur Wiederholung & Festigung / Klasse 6 – Bestell-Nr. 13 026

– LÖSUNG –

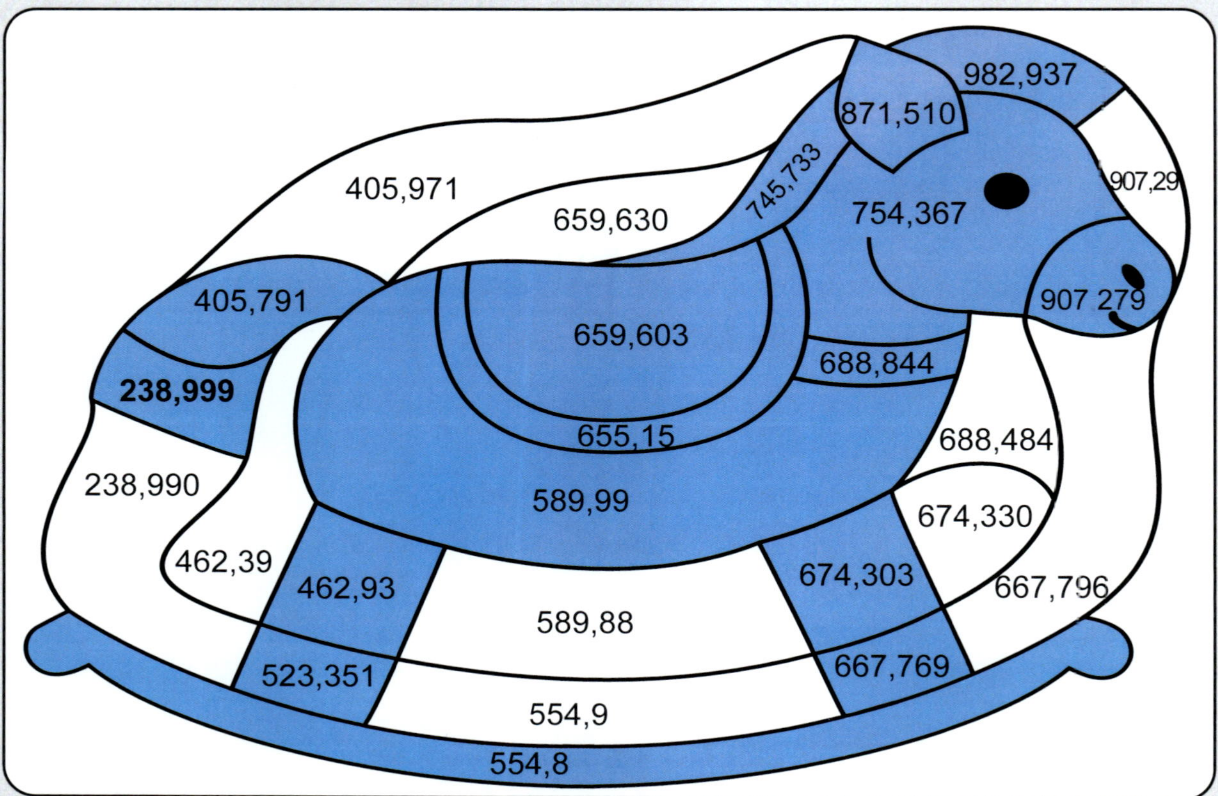

	1	8	5,	3	9	9
+		3	5,	6	1	8
+		1	7,	9	8	2
	1	1	1	1	1	
	2	**3**	**8,**	**9**	**9**	**9**

		9	6,	5	5	8
+	8	8	5,	6		
+			0,	7	7	9
	1	1	1	1	1	
	9	**8**	**2,**	**9**	**3**	**7**

		8	1,	9	5	5
+	6	7	2,	3	4	1
+			0,	0	7	1
	1		1	1		
	7	**5**	**4,**	**3**	**6**	**7**

	8	0	0,	7	4	3
+			1,	2	8	7
+		6	9,	4	8	
		1	1	2	1	
	8	**7**	**1,**	**5**	**1**	**0**

	7	2	6,	1	7	
+			0,	9		
+		1	8,	6	6	3
		1	1	1		
	7	**4**	**5,**	**7**	**3**	**3**

	6	3	3,	6		
+			0,	4	0	3
+		2	5,	6		
			1			
	6	**5**	**9,**	**6**	**0**	**3**

	3	0	8,	2	0	1
+	3	6	1,	4	4	
+		1	9,	2	0	3
		1				
	6	**8**	**8,**	**8**	**4**	**4**

	3	0	2,	3		
+			5,	6	7	9
+	5	9	9,	3		
	1	1	1			
	9	**0**	**7,**	**2**	**7**	**9**

	8	2	2,	0	5	
–	1	6	6,	9		
	1	1	1			
	6	**5**	**5,**	**1**	**5**	

	7	1	2,	1	2	
–		4	4,	3	5	1
	1	1	1	1	1	
	6	**6**	**7,**	**7**	**6**	**9**

	8	2	8,	7	5	
–	2	3	8,	7	6	
	1	1	1	1		
	5	**8**	**9,**	**9**	**9**	

	4	3	0,	1	9	
–		2	4,	3	9	9
		1	1	1	1	
	4	**0**	**5,**	**7**	**9**	**1**

	6	2	2,	3		
–		6	7,	5		
	1	1	1			
	5	**5**	**4,**	**8**		

	7	5	1,	0	0	3
–		7	6,	7		
	1	1	1			
	6	**7**	**4,**	**3**	**0**	**3**

	5	0	1,	0	3	
–		3	8,	1		
	1	1	1			
	4	**6**	**2,**	**9**	**3**	

	6	0	0,	1	1	1
–		7	6,	7	6	
	1	1	1	1		
	5	**2**	**3,**	**3**	**5**	**1**

AUSMALEN

MATHE-TRAINING ... zur Wiederholung & Festigung / Klasse 6 – Bestell-Nr. 13 026
KOHL VERLAG

Rechnen mit Dezimalzahlen (Multiplizieren)

Rechne, schneide die Puzzleteile aus und lege sie passend im Spielplan auf.

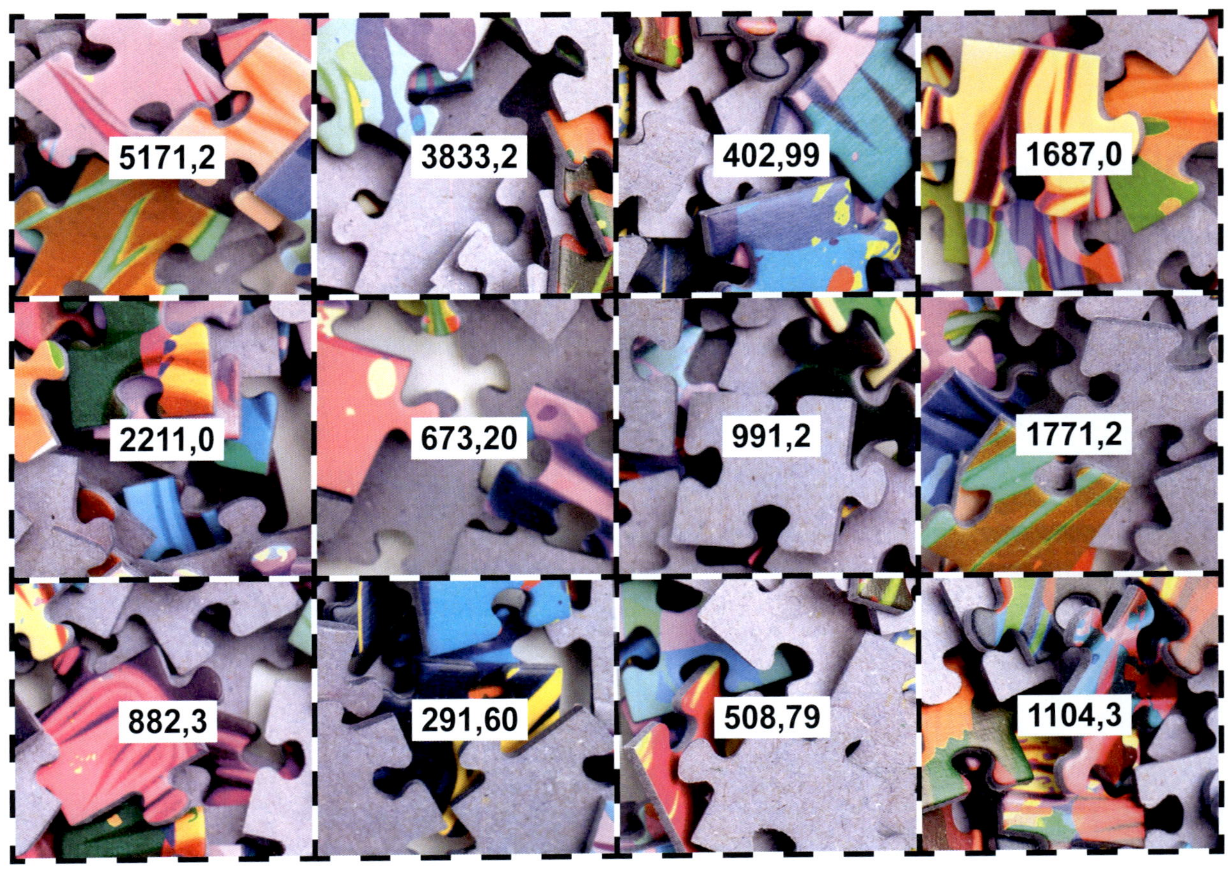

Spielplan:

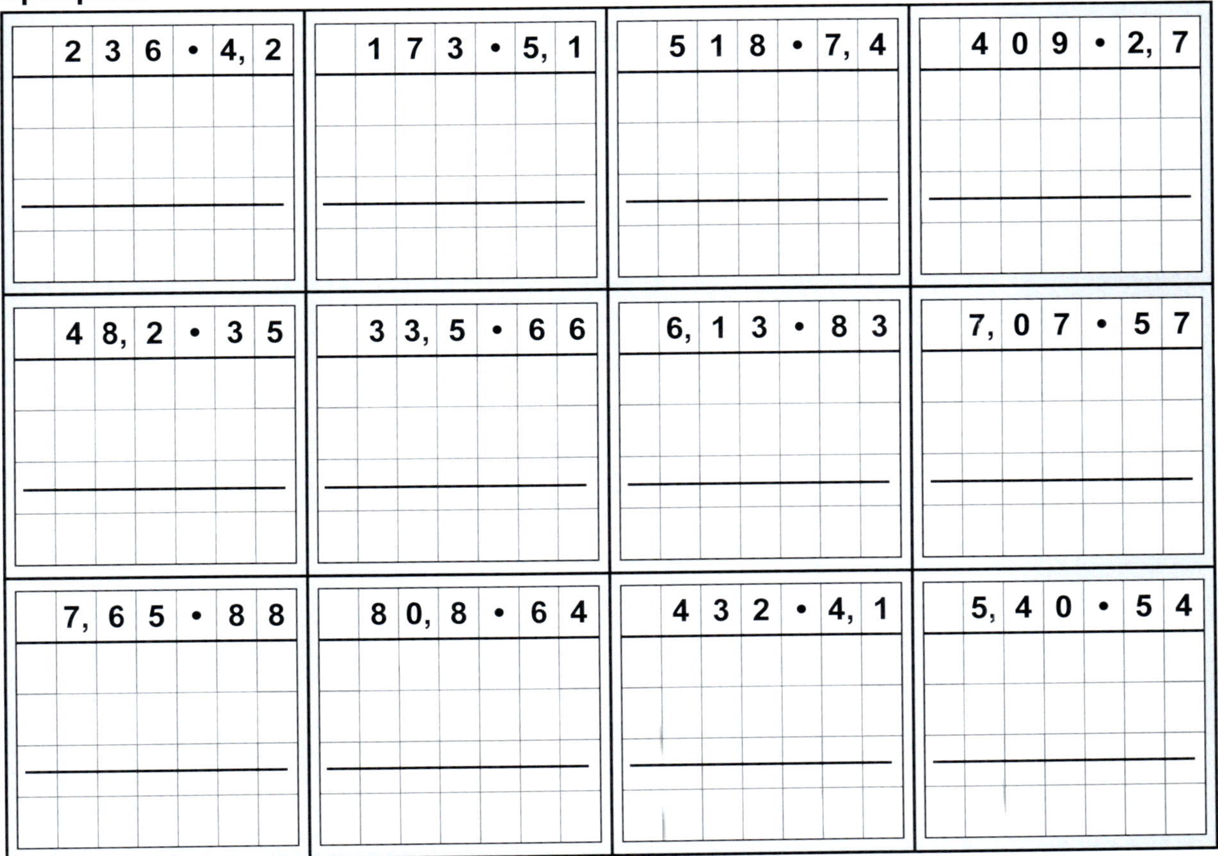

PUZZLE

KOHL VERLAG MATHE-TRAINING ... zur Wiederholung & Festigung / Klasse 6 – Bestell-Nr. 13 026

Puzzleteile:

Spielplan:

236 • 4,2	173 • 5,1	518 • 7,4	409 • 2,7
944	865	3626	818
472	173	2072	2863
1	1	1	1 1 1
991,2	882,3	3833,2	1104,3

48,2 • 35	33,5 • 66	6,13 • 83	7,07 • 57
1446	2010	4904	3535
2410	2010	1839	4949
		1	1 1
1687,0	2211,0	508,79	402,99

7,65 • 88	80,8 • 64	432 • 4,1	5,40 • 54
6120	4848	1728	2700
6120	3232	432	2160
	1 1	1	
673,20	5171,2	1771,2	291,60

PUZZLE

KOHL VERLAG
MATHE-TRAINING
... zur Wiederholung & Festigung / Klasse 6 – Bestell-Nr. 13 026

Rechnen mit Dezimalzahlen (Multiplizieren)

Rechne, schneide die Puzzleteile aus und lege sie passend im Spielplan auf.

Puzzleteile:

Spielplan:

3,62 • 4,18	6,30 • 15,4	22,3 • 1,42	0,72 • 33,5
7,21 • 3,35	7,02 • 3,53	16,7 • 16,7	1,67 • 1,67
16,7 • 1,67	90,2 • 9,22	92,0 • 8,22	80,2 • 7,21

PUZZLE

KOHL VERLAG – MATHE-TRAINING ... zur Wiederholung & Festigung / Klasse 6 – Bestell-Nr. 13 026

– LÖSUNG –

Puzzleteile:

Spielplan:

3,	6	2	•	4,	1	8
	1	4	4	8		
			3	6	2	
			2	8	9	6
		1	2	1		
	1	5,	1	3	1	6

6,	3	0	•	1	5,	4
		6	3	0		
		3	1	5	0	
			2	5	2	0
		1				
		9	7,	0	2	0

2	2,	3	•	1,	4	2
		2	2	3		
			8	9	2	
				4	4	6
		1	1			
		3	1,	6	6	6

0,	7	2	•	3	3,	5
		2	1	6		
			2	1	6	
				3	6	0
			1	1		
		2	4,	1	2	0

7,	2	1	•	3,	3	5
	2	1	6	3		
		2	1	6	3	
			3	6	0	5
		1	1			
	2	4,	1	5	3	5

7,	0	2	•	3,	5	3
	2	1	0	6		
		3	5	1	0	
			2	1	0	6
	2	4,	7	8	0	6

1	6,	7	•	1	6,	7
		1	6	7		
		1	0	0	2	
			1	1	6	9
		2	7	8,	8	9

1,	6	7	•	1,	6	7
		1	6	7		
		1	0	0	2	
			1	1	6	9
		2,	7	8	8	9

1	6,	7	•	1,	6	7
		1	6	7		
		1	0	0	2	
			1	1	6	9
		2	7,	8	8	9

9	0,	2	•	9,	2	2
	8	1	1	8		
		1	8	0	4	
			1	8	0	4
		1	1			
	8	3	1,	6	4	4

9	2,	0	•	8,	2	2
	7	3	6	0		
		1	8	4	0	
			1	8	4	0
		1	1			
	7	5	6,	2	4	0

8	0,	2	•	7,	2	1
	5	6	1	4		
		1	6	0	4	
				8	0	2
			1			
	5	7	8,	2	4	2

PUZZLE

MATHE-TRAINING
... zur Wiederholung & Festigung / Klasse 6 – Bestell-Nr. 13 026
KOHL VERLAG

Rechnen mit Dezimalzahlen (Multiplizieren)

33**

Rechne, schneide die Puzzleteile aus und lege sie passend im Spielplan auf.

Puzzleteile:

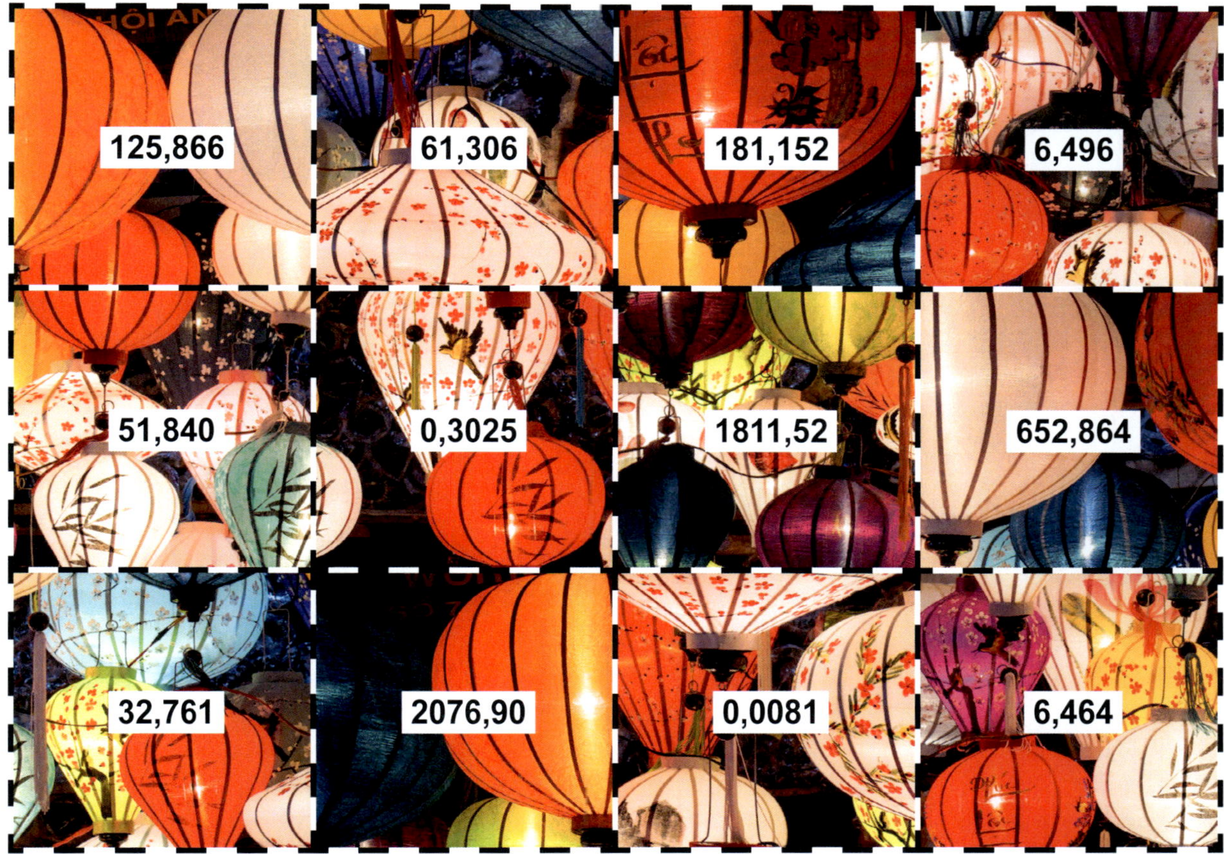

Spielplan:

34,5 • 60,2	61,1 • 2,06	80,8 • 8,08	40,8 • 4,44
44,4 • 40,8	72,0 • 0,72	18,1 • 1,81	20,3 • 3,02
20,3 • 0,32	0,08 • 80,8	0,55 • 0,55	0,09 • 0,09

PUZZLE

KOHL VERLAG Lernen mit Erfolg
MATHE-TRAINING ... zur Wiederholung & Festigung / Klasse 6 – Bestell-Nr. 13 026

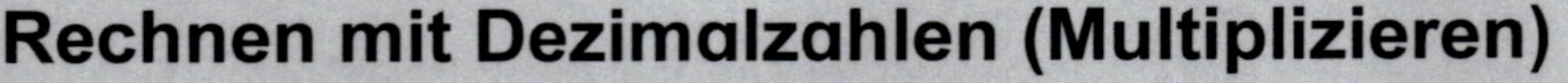

Rechnen mit Dezimalzahlen (Multiplizieren)

33**

– LÖSUNG –

Puzzleteile:

Spielplan:

3	4,	5	•	6	0,	2
	2	0	7	0	0	
				6	9	0
	2	0	7	6,	9	0

6	1,	1	•	2,	0	6
	1	2	2	2	0	
			3	6	6	6
	1	2	5,	8	6	6

8	0,	8	•	8,	0	8
	6	4	6	4	0	
			6	4	6	4
		1				
	6	5	2,	8	6	4

4	0,	8	•	4,	4	4
	1	6	3	2		
		1	6	3	2	
			1	6	3	2
		1	1			
	1	8	1,	1	5	2

4	4,	4	•	4	0,	8
	1	7	7	6	0	
			3	5	5	2
		1	1			
	1	8	1	1,	5	2

7	2,	0	•	0,	7	2
		5	0	4	0	
			1	4	4	0
		5	1,	8	4	0

1	8,	1	•	1,	8	1
		1	8	1		
		1	4	4	8	
				1	8	1
		1		1		
		3	2,	7	6	1

2	0,	3	•	3,	0	2
		6	0	9		
				4	0	6
			1			
		6	1,	3	0	6

2	0,	3	•	0,	3	2
			6	0	9	
				4	0	6
			6,	4	9	6

0,	0	8	•	8	0,	8
			6	4	0	
					6	4
			6,	4	6	4

0,	5	5	•	0,	5	5
			2	7	5	
				2	7	5
			1	1		
		0,	3	0	2	5

0,	0	9	•	0,	0	9
					8	1
		0,	0	0	8	1

PUZZLE

MATHE-TRAINING ... zur Wiederholung & Festigung / Klasse 6 – Bestell-Nr. 13 026
KOHL VERLAG

Rechnen mit Dezimalzahlen (Dividieren)

Rechne aus. Ordne aus dem Schlüssel die richtigen Buchstaben zu.

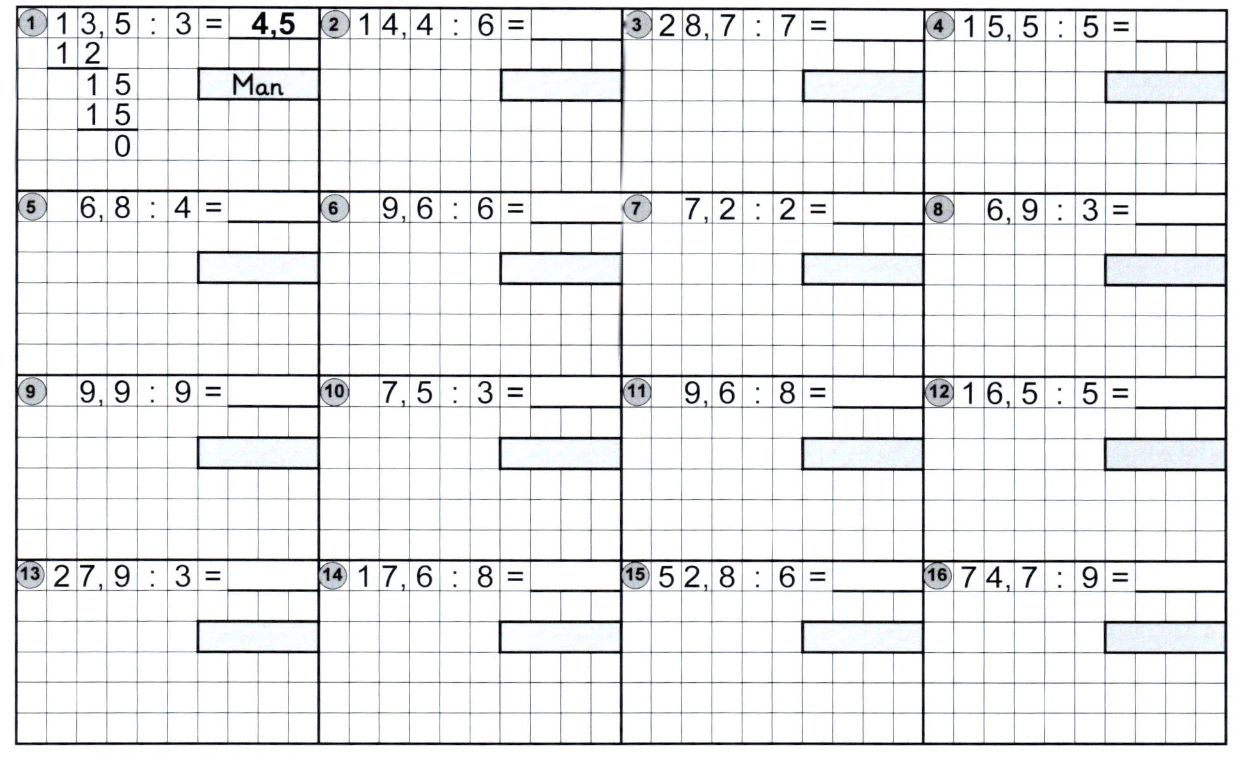

① 13,5 : 3 = **4,5**
12
15
15
0
Man

② 14,4 : 6 =

③ 28,7 : 7 =

④ 15,5 : 5 =

⑤ 6,8 : 4 =

⑥ 9,6 : 6 =

⑦ 7,2 : 2 =

⑧ 6,9 : 3 =

⑨ 9,9 : 9 =

⑩ 7,5 : 3 =

⑪ 9,6 : 8 =

⑫ 16,5 : 5 =

⑬ 27,9 : 3 =

⑭ 17,6 : 8 =

⑮ 52,8 : 6 =

⑯ 74,7 : 9 =

Schlüssel:

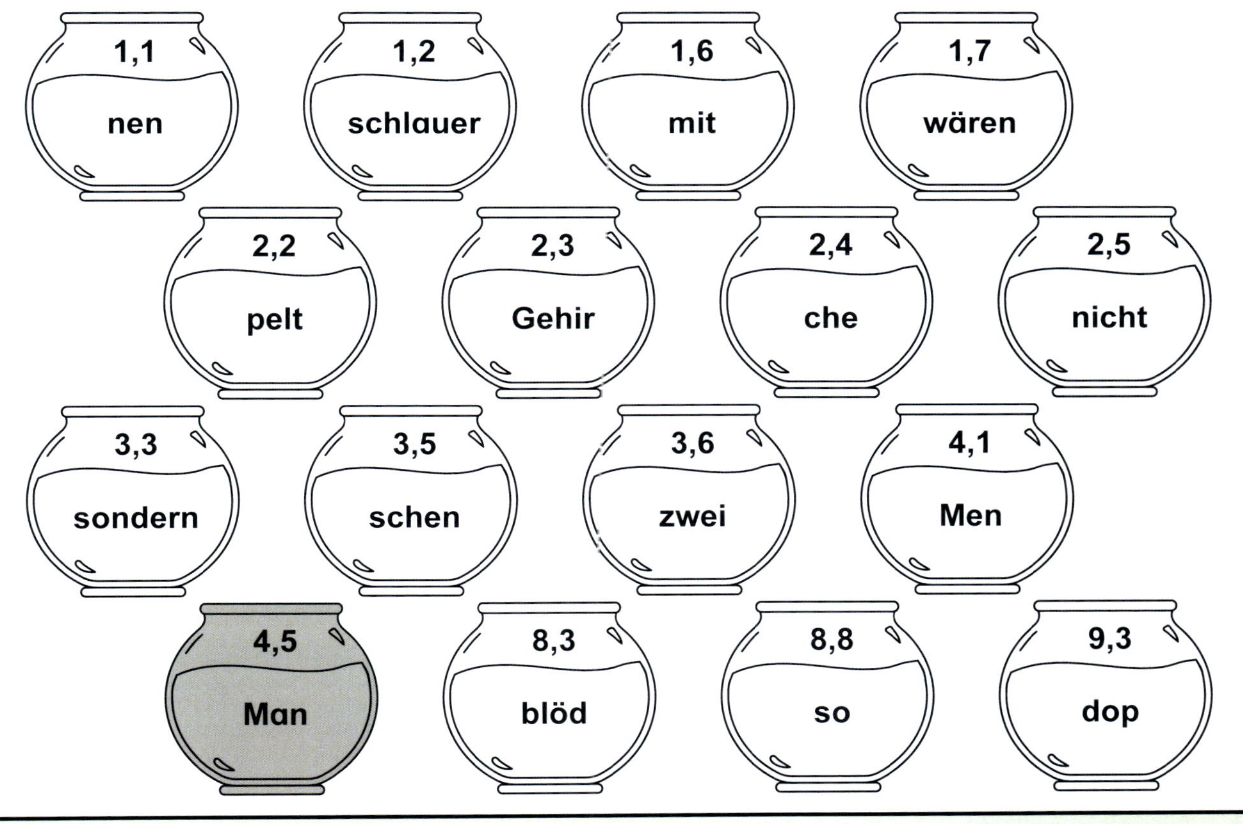

Lösungssatz: Man –____ ____–____ ____ ____ ____ ____–
____ ____ ____, ____ ____–____ ____ ____.

KOHL VERLAG – MATHE-TRAINING ... zur Wiederholung & Festigung / Klasse 6 – Bestell-Nr. 13 026

– LÖSUNG –

Nr.	Aufgabe	Rechenweg	Silbe
1	13,5 : 3 = **4,5**	12 15 15 0	Man
2	14,4 : 6 = **2,4**	12 24 24 0	che
3	28,7 : 7 = **4,1**	28 07 7 0	Men
4	17,5 : 5 = **3,5**	15 25 25 0	schen
5	6,8 : 4 = **1,7**	4 28 28 0	wären
6	9,6 : 6 = **1,6**	6 36 36 0	mit
7	7,2 : 2 = **3,6**	6 12 12 0	zwei
8	6,9 : 3 = **2,3**	6 09 9 0	Gehir
9	9,9 : 9 = **1,1**	9 09 9 0	nen
10	7,5 : 3 = **2,5**	6 15 15 0	nicht
11	9,6 : 8 = **1,2**	8 16 16 0	schlauer
12	16,5 : 5 = **3,3**	15 15 15 0	sondern
13	27,9 : 3 = **9,3**	27 09 9 0	dop
14	17,6 : 8 = **2,2**	16 16 16 0	pelt
15	52,8 : 6 = **8,8**	48 48 48 0	so
16	74,7 : 9 = **8,3**	72 27 27 0	blöd

Lösungssatz:

Manche Menschen wären mit zwei Gehirnen nicht schlauer, sondern doppelt so blöd.

GEHEIMSCHRIFT

KOHL VERLAG Lernen mit Erfolg – MATHE-TRAINING ... zur Wiederholung & Festigung / Klasse 6 – Bestell-Nr. 13 026

Rechnen mit Dezimalzahlen (Dividieren)

Rechne aus. Ordne aus dem Schlüssel die richtigen Buchstaben zu.

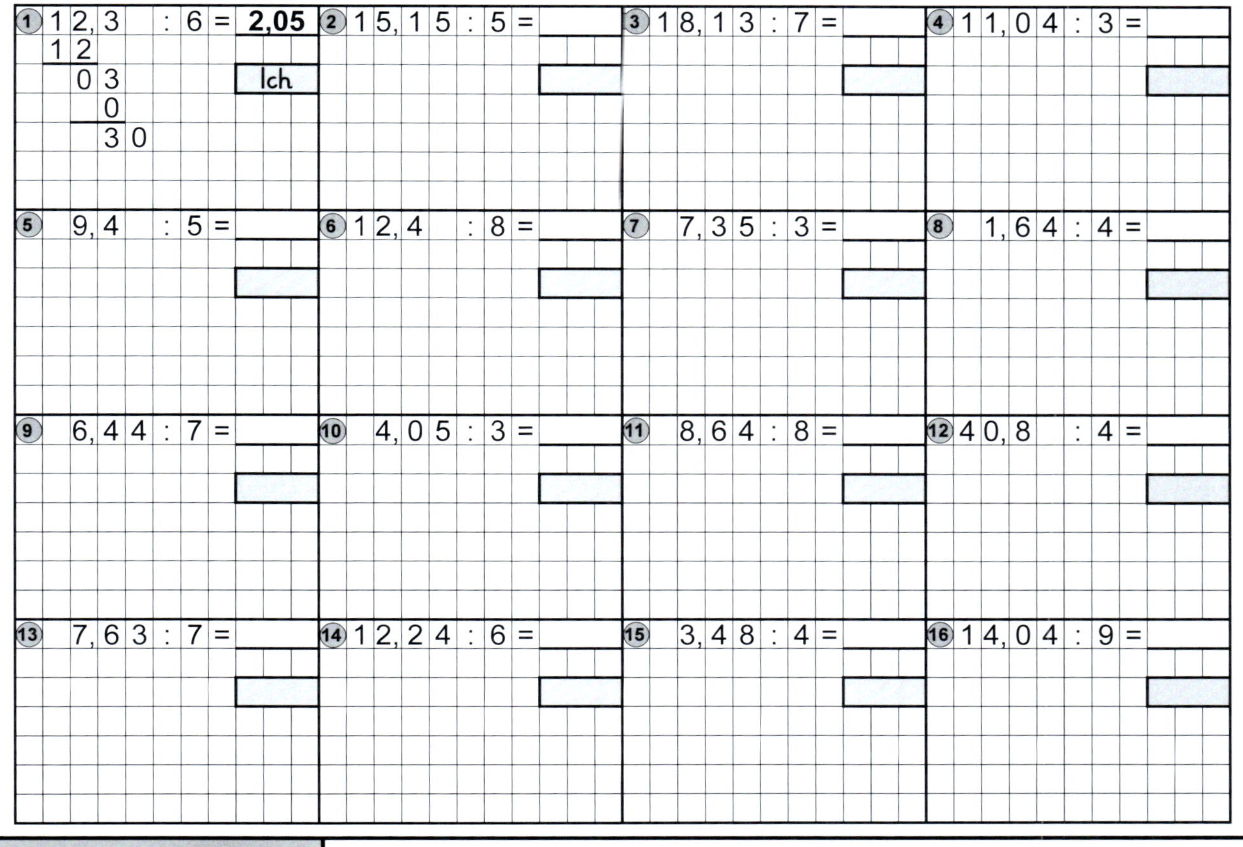

Schlüssel:

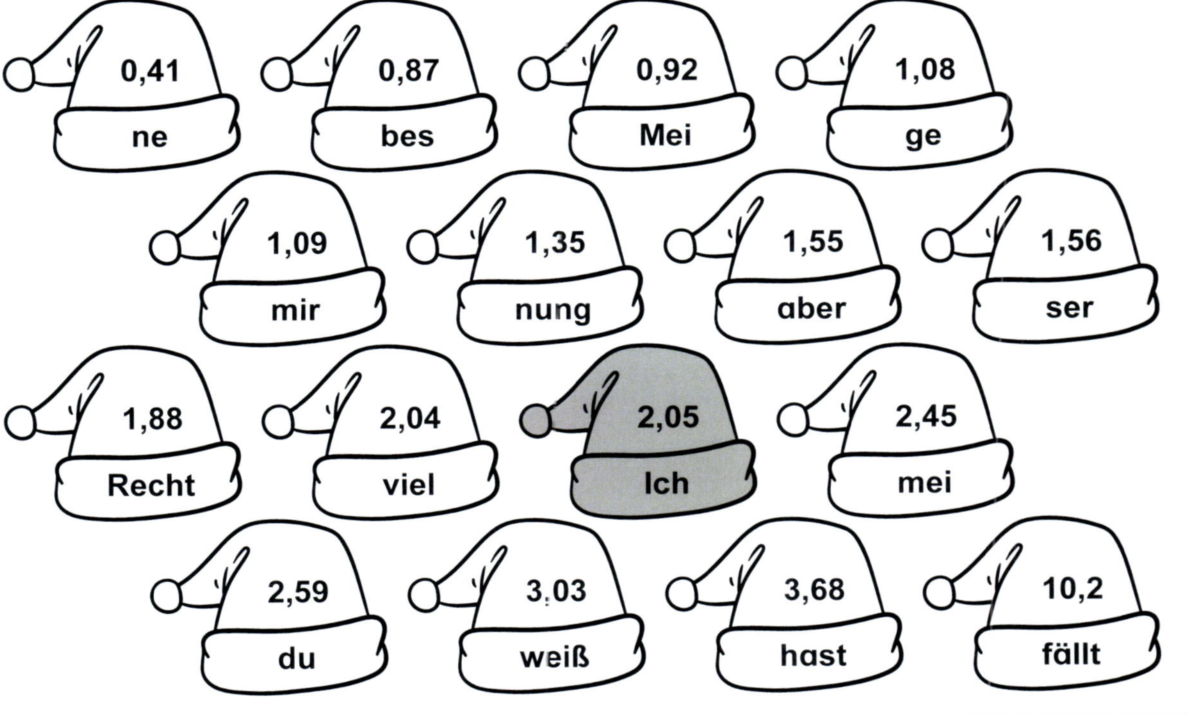

Lösungssatz: Ich _____, ____ _____ ______, _____

____-____ ____-_____ ___-____ ____ ____ ____-____.

GEHEIMSCHRIFT

KOHL VERLAG MATHE-TRAINING ... zur Wiederholung & Festigung / Klasse 6 – Bestell-Nr. 13 026

– LÖSUNG –

Nr.	Aufgabe	Rechenweg	Lösungswort
1	12,3 : 6 = **2,05**	12 / 03 / 0 / 30	Ich
2	15,15 : 5 = **3,03**	15 / 01 / 0 / 15	weiß
3	18,13 : 7 = **2,59**	14 / 41 / 35 / 63	du
4	11,04 : 3 = **3,68**	9 / 20 / 18 / 24	hast
5	9,4 : 5 = **1,88**	5 / 44 / 40 / 40	Recht
6	12,4 : 8 = **1,55**	8 / 44 / 40 / 40	aber
7	7,35 : 3 = **2,45**	6 / 13 / 12 / 15	mei
8	1,64 : 4 = **0,41**	0 / 16 / 16 / 04	ne
9	6,44 : 7 = **0,92**	0 / 64 / 63 / 14	Mei
10	4,05 : 3 = **1,35**	3 / 10 / 9 / 15	nung
11	8,64 : 8 = **1,08**	8 / 06 / 0 / 64	ge
12	40,8 : 4 = **10,2**	4 / 00 / 0 / 08	fällt
13	7,63 : 7 = **1,09**	7 / 06 / 0 / 63	mir
14	12,24 : 6 = **2,04**	12 / 02 / 0 / 24	viel
15	3,48 : 4 = **0,87**	0 / 34 / 32 / 28	bes
16	14,04 : 9 = **1,56**	9 / 50 / 45 / 54	ser

Lösungssatz:

Ich weiß, du hast Recht, aber meine Meinung gefällt mir viel besser.

GEHEIMSCHRIFT

KOHL VERLAG – MATHE-TRAINING … zur Wiederholung & Festigung / Klasse 6 – Bestell-Nr. 13 026

Rechnen mit Dezimalzahlen (Dividieren)

Rechne aus. Ordne aus dem Schlüssel die richtigen Buchstaben zu.

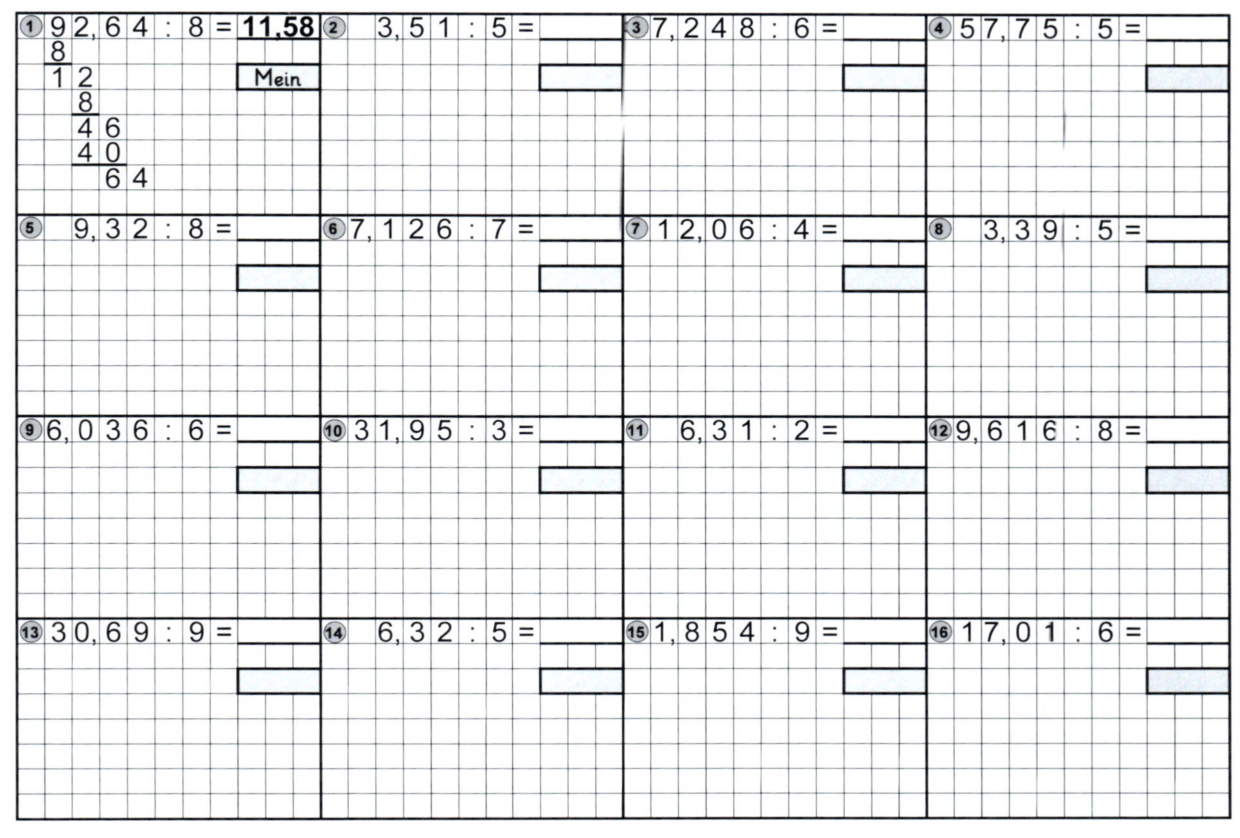

Schlüssel:

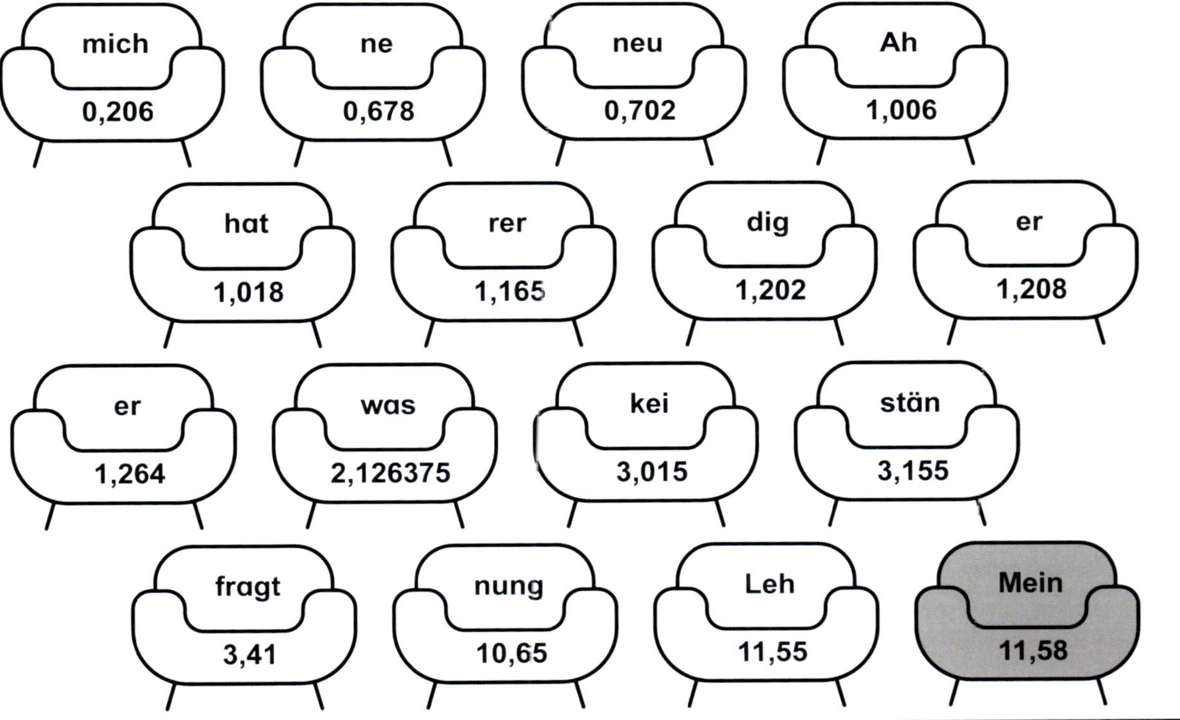

Lösungssatz: Mein ______ ______–______ ______–______ ______ ______–______ ______–
______, ______–______ ______ ______ ______ ______.

GEHEIMSCHRIFT

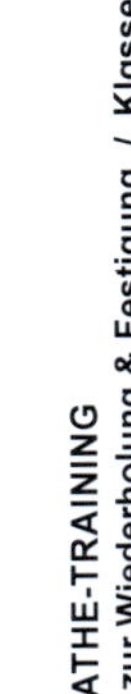

MATHE-TRAINING ... zur Wiederholung & Festigung / Klasse 6 – Bestell-Nr. 13 026

– LÖSUNG –

① 92,64 : 8 = **11,58** — **Mein**
8
12
8
46
40
64

② 3,51 : 5 = **0,702** — **neu**
0
35
35
01
0
10

③ 7,248 : 6 = **1,208** — **er**
6
12
12
04
0
48

④ 57,75 : 5 = **11,55** — **Leh**
5
07
5
27
25
25

⑤ 9,32 : 8 = **1,165** — **rer**
8
13
8
52
48
40

⑥ 7,126 : 7 = **1,018** — **hat**
7
01
0
12
7
56

⑦ 12,06 : 4 = **3,015** — **kei**
12
00
0
06
4
20

⑧ 3,39 : 5 = **0,678** — **ne**
0
33
30
39
35
40

⑨ 6,036 : 6 = **1,006** — **Ah**
6
00
0
03
0
36

⑩ 31,95 : 3 = **10,65** — **nung**
3
01
0
19
18
15

⑪ 6,31 : 2 = **3,155** — **stän**
6
03
2
11
10
10

⑫ 9,616 : 8 = **1,202** — **dig**
8
16
16
01
0
16

⑬ 30,69 : 9 = **3,41** — **fragt**
27
36
36
09

⑭ 6,32 : 5 = **1,264** — **er**
5
13
10
32
30
20

⑮ 1,854 : 9 = **0,206** — **mich**
0
18
18
05
0
54

⑯ 17,01 : 6 = **2,835** — **was**
12
50
48
21
18
30

Lösungssatz:

Mein neuer Lehrer hat keine Ahnung, ständig fragt er mich was.

GEHEIMSCHRIFT

KOHL VERLAG Lernen mit Erfolg
MATHE-TRAINING
... zur Wiederholung & Festigung / Klasse 6 – Bestell-Nr. 13 026

Runden von Dezimalzahlen (auf ganze Zahlen)

Runde auf ganze Zahlen und male nur die Felder mit den gerundeten Zahlen mit einer Farbe aus.

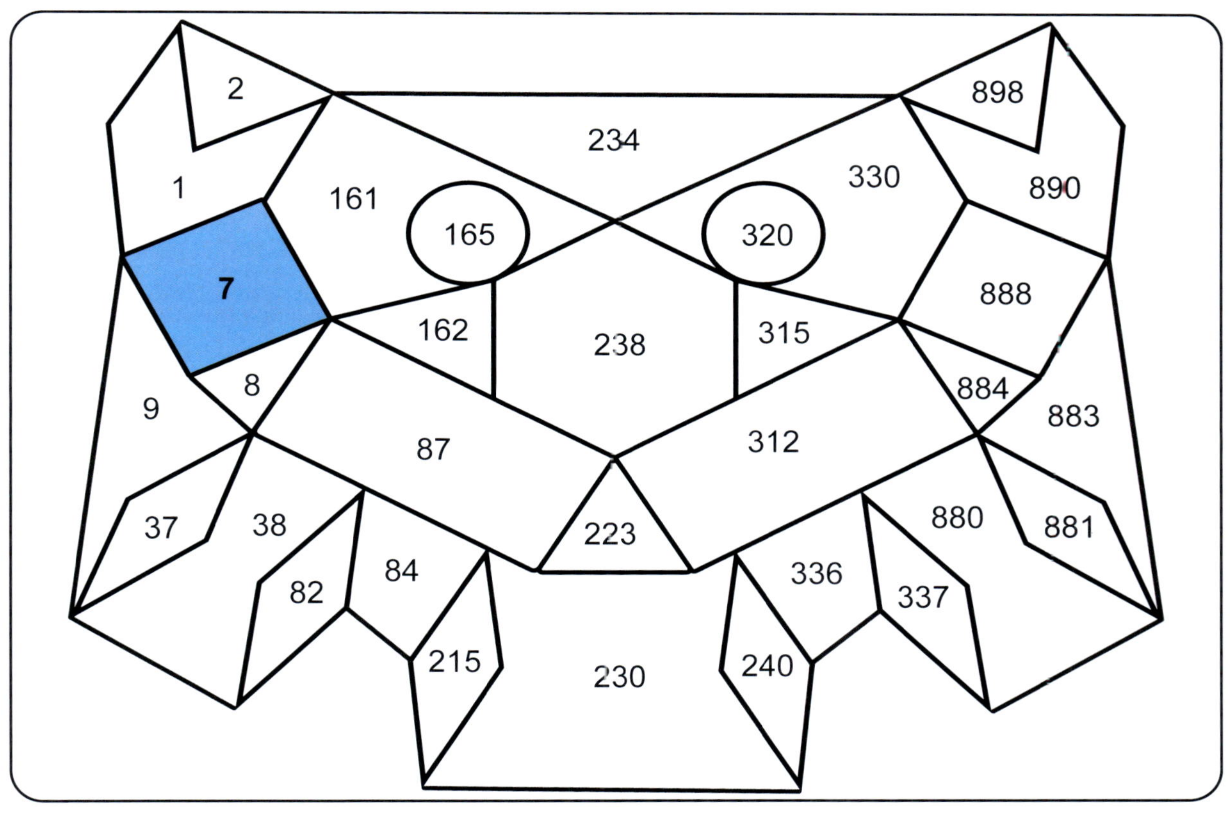

Zahl	gerundet
6,5 ~	**7**
36,5 ~	
336,5 ~	
238,4 ~	
239,5 ~	
222,5 ~	
320,4 ~	
311,6 ~	
315,3 ~	
215,0 ~	

Zahl	gerundet
880,88 ~	
0,88 ~	
8,40 ~	
164,64 ~	
162,46 ~	
82,46 ~	
884,48 ~	
86,58 ~	
888,08 ~	
889,89 ~	

KOHL VERLAG Lernen mit Erfolg
MATHE-TRAINING ... zur Wiederholung & Festigung / Klasse 6 – Bestell-Nr. 13 026

Runden von Dezimalzahlen (auf ganze Zahlen)

– LÖSUNG –

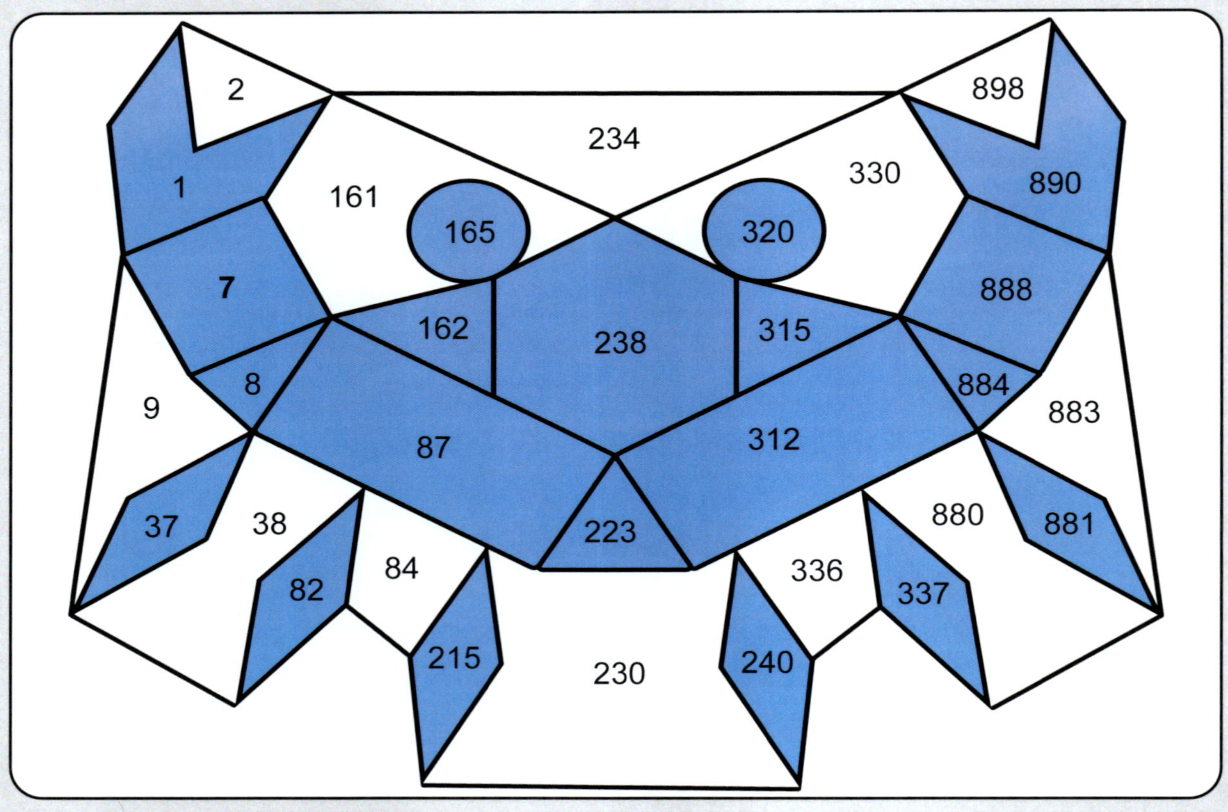

Zahl	gerundet
6,5 ~	**7**
36,5 ~	**37**
336,5 ~	**337**
238,4 ~	**238**
239,5 ~	**240**
222,5 ~	**223**
320,4 ~	**320**
311,6 ~	**312**
315,3 ~	**315**
215,0 ~	**215**

Zahl	gerundet
880,88 ~	**881**
0,88 ~	**1**
8,40 ~	**8**
164,64 ~	**165**
162,46 ~	**162**
82,46 ~	**82**
884,48 ~	**884**
86,58 ~	**87**
888,08 ~	**888**
889,89 ~	**890**

KOHL VERLAG Lernen mit Erfolg
MATHE-TRAINING ... zur Wiederholung & Festigung / Klasse 6 – Bestell-Nr. 13 026

Runden von Dezimalzahlen (auf Zehntel / Hundertstel)

Runde wie angegeben und male nur die Felder mit den gerundeten Zahlen mit einer Farbe aus.

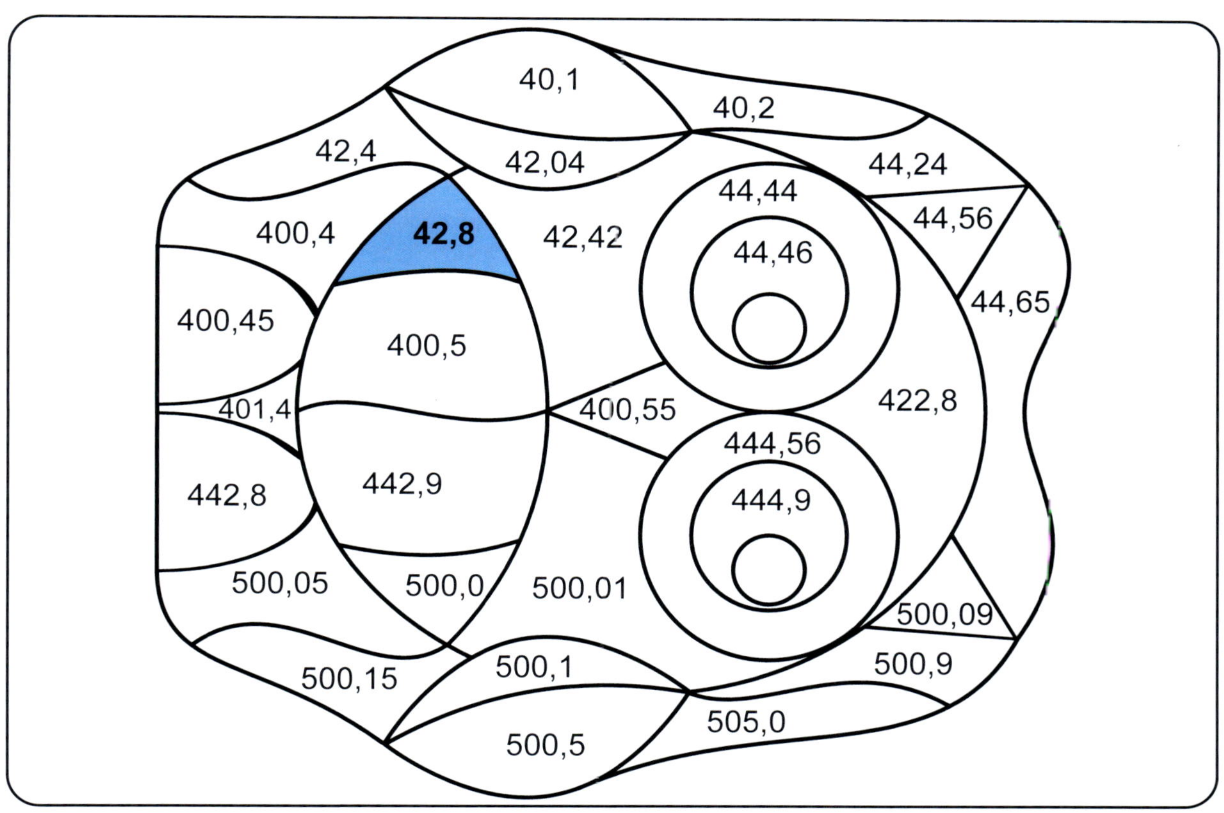

Zahl	auf Zehntel
42,84 ~	**42,8**
442,84 ~	
442,85 ~	
422,845 ~	
444,854 ~	
40,14 ~	
400,45 ~	
500,54 ~	
500,090 ~	
500,009 ~	

Zahl	auf Hundertstel
500,090 ~	
500,009 ~	
44,444 ~	
44,555 ~	
444,555 ~	
44,4555 ~	
400,4545 ~	
400,5454 ~	
42,4242 ~	
42,04242 ~	

AUSMALEN

KOHL VERLAG Lernen mit Erfolg
MATHE-TRAINING ... zur Wiederholung & Festigung / Klasse 6 – Bestell-Nr. 13 026

– LÖSUNG –

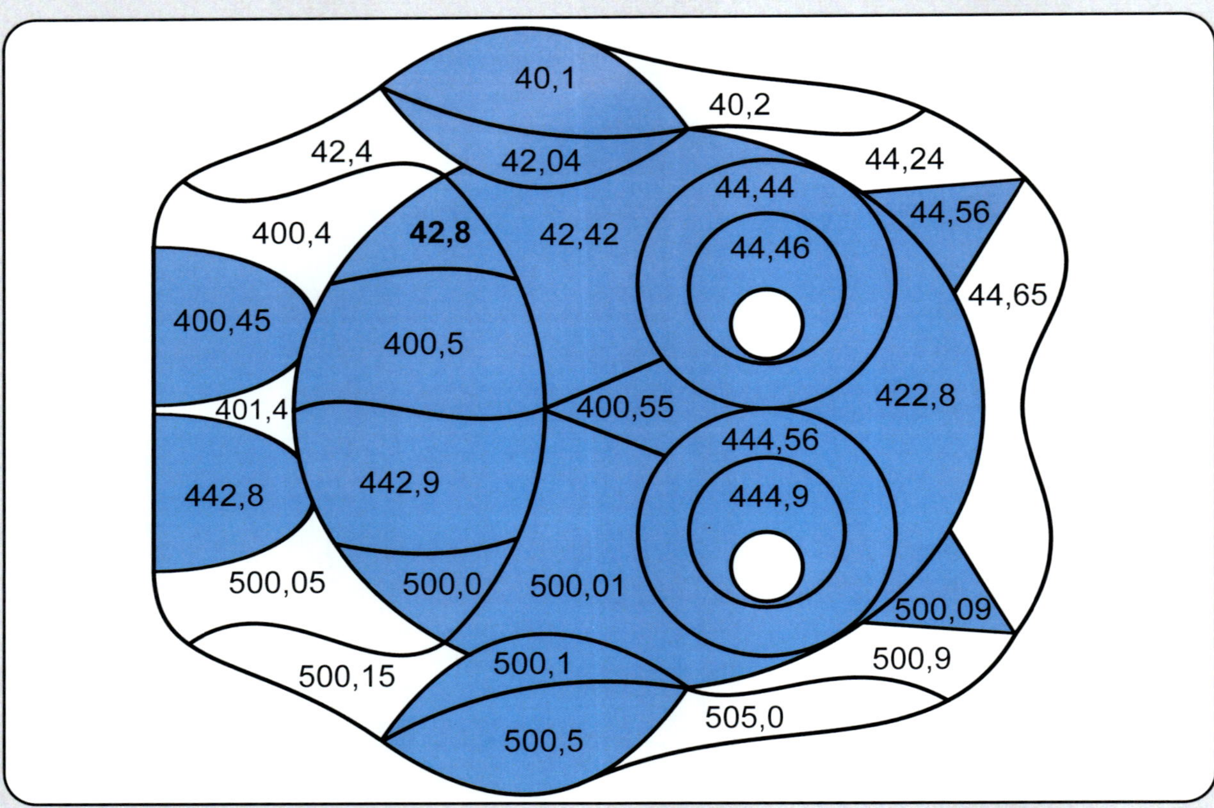

Zahl	auf Zehntel
42,84 ~	**42,8**
442,84 ~	**442,8**
442,85 ~	**442,9**
422,845 ~	**422,8**
444,854 ~	**444,9**
40,14 ~	**40,1**
400,45 ~	**400,5**
500,54 ~	**500,5**
500,090 ~	**500,1**
500,009 ~	**500,0**

Zahl	auf Hundertstel
500,090 ~	**500,09**
500,009 ~	**500,01**
44,444 ~	**44,44**
44,555 ~	**44,56**
444,555 ~	**444,56**
44,4555 ~	**44,46**
400,4545 ~	**400,45**
400,5454 ~	**400,55**
42,4242 ~	**42,42**
42,04242 ~	**42,04**

AUSMALEN

KOHL VERLAG MATHE-TRAINING ... zur Wiederholung & Festigung / Klasse 6 – Bestell-Nr. 13 026

Runden von Dezimalzahlen (auf verschiedene Stellen)

39**

Runde an der unterstrichenen Stelle und male nur die Felder mit den gerundeten Zahlen mit einer Farbe aus.

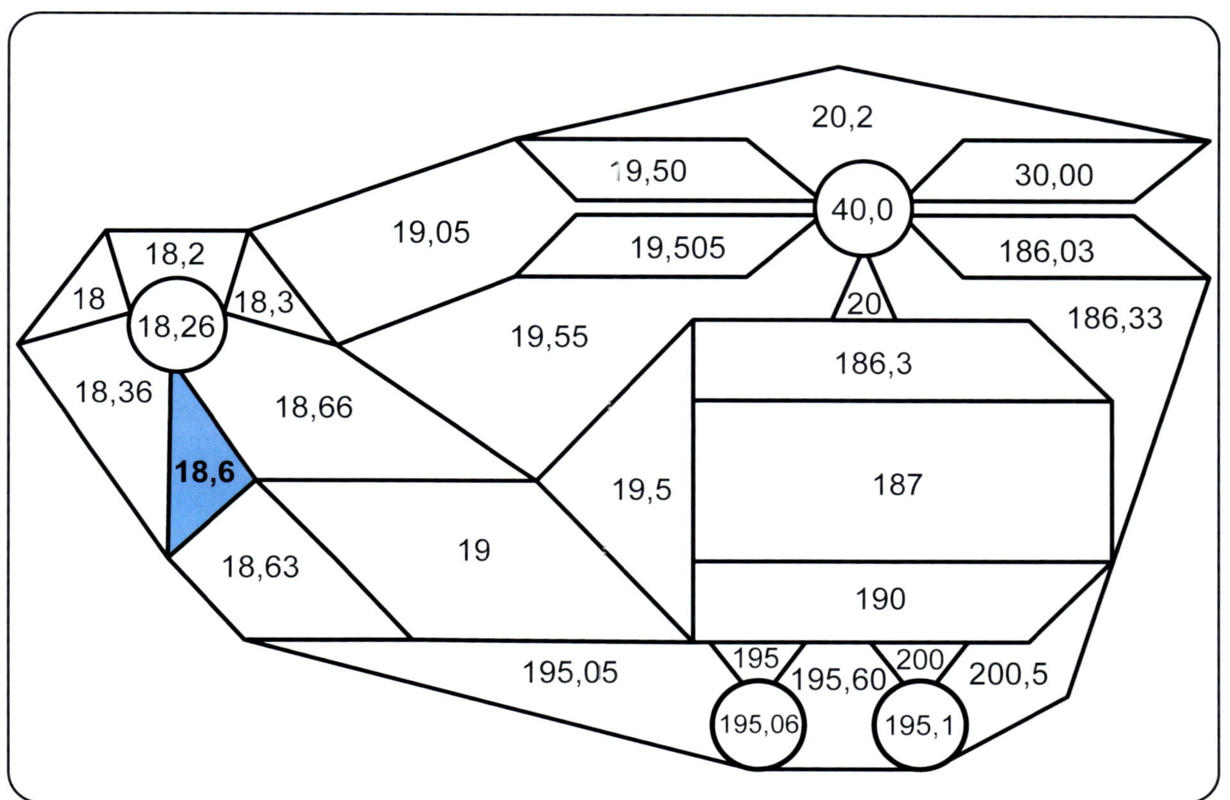

Zahl	gerundet
$18{,}\underline{6}25$ ~	**18,6**
$18{,}6\underline{2}5$ ~	
$1\underline{8}{,}625$ ~	
$19{,}50\underline{4}6$ ~	
$19{,}5\underline{0}46$ ~	
$1\underline{9}{,}5046$ ~	
$19{,}\underline{5}046$ ~	
$1\underline{8}{,}256$ ~	
$18{,}2\underline{5}6$ ~	
$18{,}\underline{2}56$ ~	

Zahl	gerundet
$19\underline{5}{,}064$ ~	
$195{,}\underline{0}64$ ~	
$195{,}0\underline{6}4$ ~	
$1\underline{9}5{,}064$ ~	
$29{,}9\underline{9}9$ ~	
$39{,}\underline{9}99$ ~	
$18\underline{6}{,}520$ ~	
$186{,}0\underline{2}5$ ~	
$186{,}\underline{2}50$ ~	
$1\underline{8}6{,}520$ ~	

AUSMALEN

MATHE-TRAINING ... zur Wiederholung & Festigung / Klasse 6 – Bestell-Nr. 13 026
KOHL VERLAG Lernen mit Erfolg

– LÖSUNG –

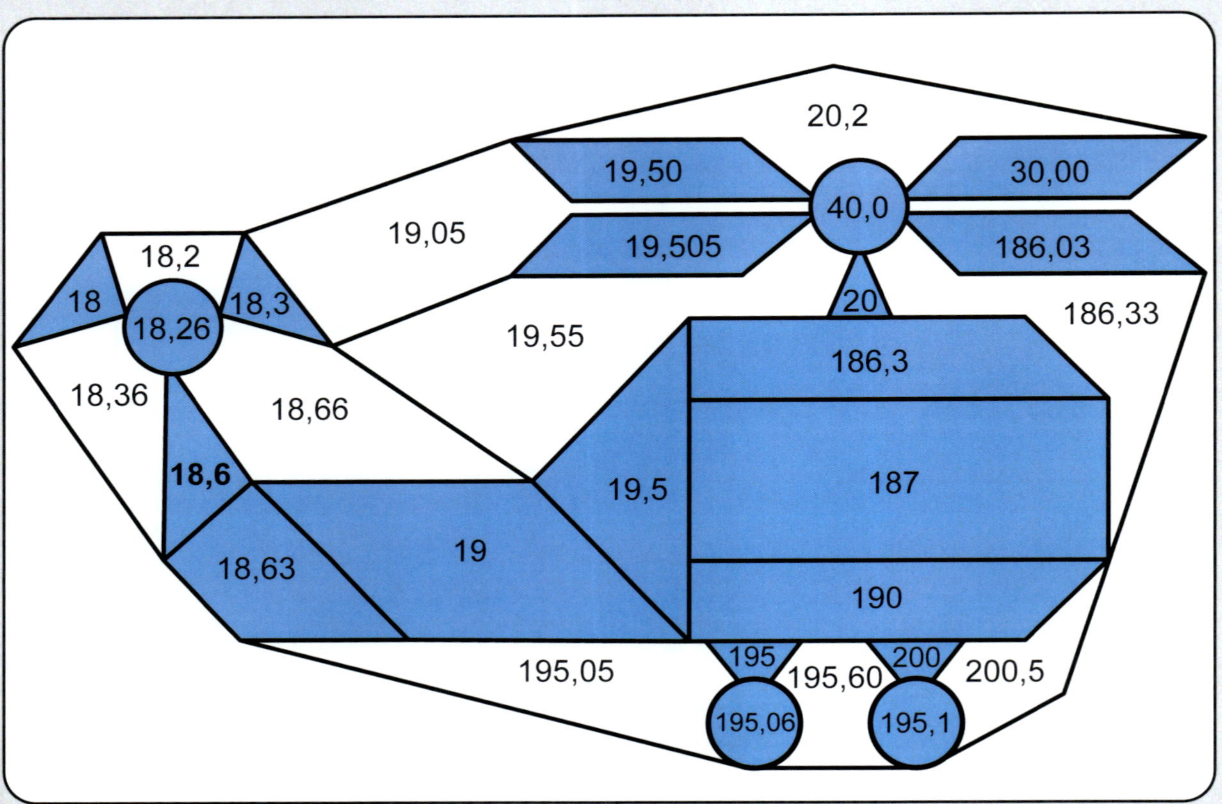

Zahl	gerundet
18,625 ~	**18,6**
18,625 ~	**18,63**
18,625 ~	**19**
19,5046 ~	**19,505**
19,5046 ~	**19,50**
19,5046 ~	**20**
19,5046 ~	**19,5**
18,256 ~	**18**
18,256 ~	**18,26**
18,256 ~	**18,3**

Zahl	gerundet
195,064 ~	**195**
195,064 ~	**195,1**
195,064 ~	**195,06**
195,064 ~	**200**
29,999 ~	**30,00**
39,999 ~	**40,0**
186,520 ~	**187**
186,025 ~	**186,03**
186,250 ~	**186,3**
186,520 ~	**190**

AUSMALEN

KOHL VERLAG
MATHE-TRAINING ... zur Wiederholung & Festigung / Klasse 6 – Bestell-Nr. 13 026

Zeitangaben umrechnen (d, h, min, s)

Wandle in die angegebenen Einheiten um und verbinde die Punkte bei den Ergebnissen in der Reihenfolge der Aufgaben.

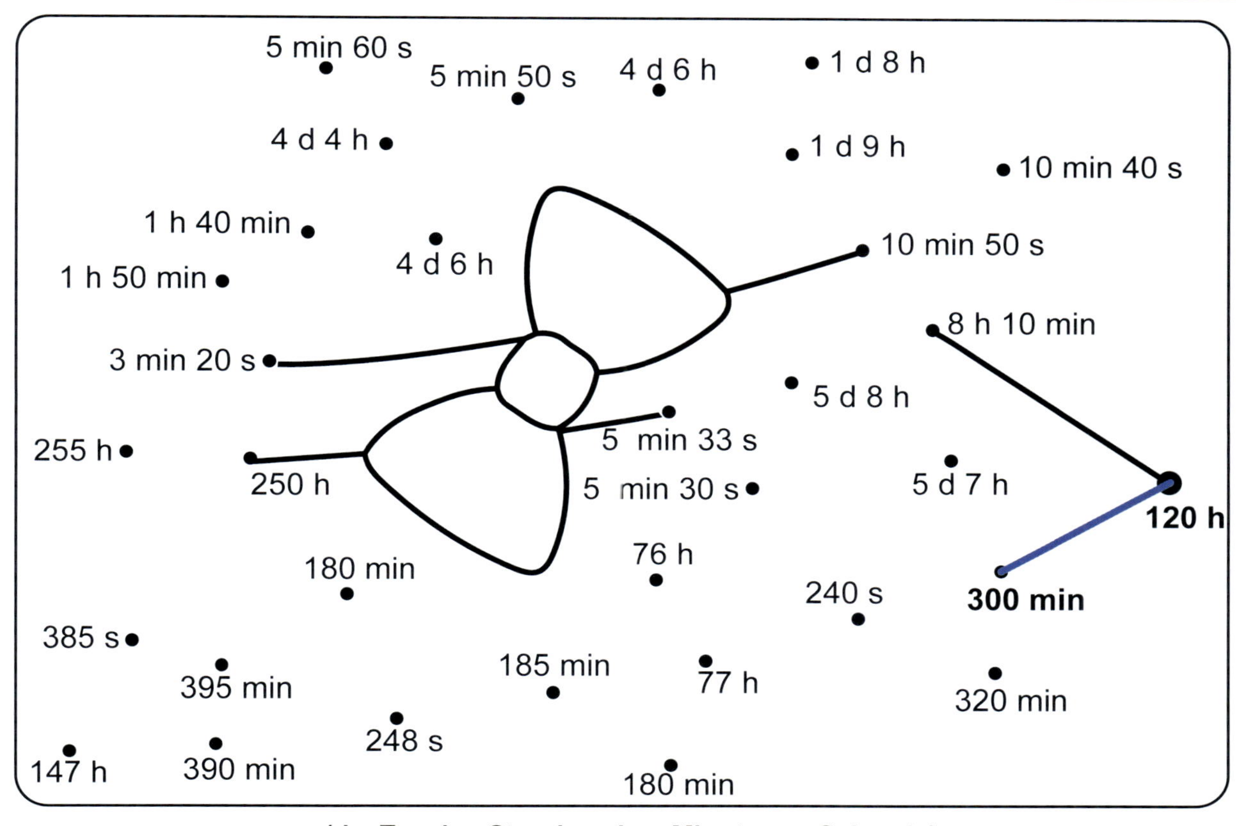

(d = Tag, h = Stunde, min = Minute, s = Sekunde)

Wandle um	Ergebnis
5 d =	**120 h**
5 h =	**300 min**
4 min =	_____ s
3 d 5 h =	_____ h
3 h 5 min =	_____ min
4 min 8 s =	_____ s
6 h 30 min =	_____ min
6 d 3 h =	_____ h
6 min 25 s =	_____ s
10 d 10 h =	_____ h

Wandle um	Ergebnis
200 s =	___ min ____ s
100 min =	___ h ____ min
100 h =	___ d ____ h
350 s =	___ min ____ s
96 h 360 min =	___ d ____ h
33 h =	___ d ____ h
650 s =	___ min ____ s
490 min =	___ h ____ min
128 h =	___ d ____ h
333 s =	___ min ____ s

BILD AUS PUNKTEN

KOHL VERLAG MATHE-TRAINING ... zur Wiederholung & Festigung / Klasse 6 – Bestell-Nr. 13 026

– LÖSUNG –

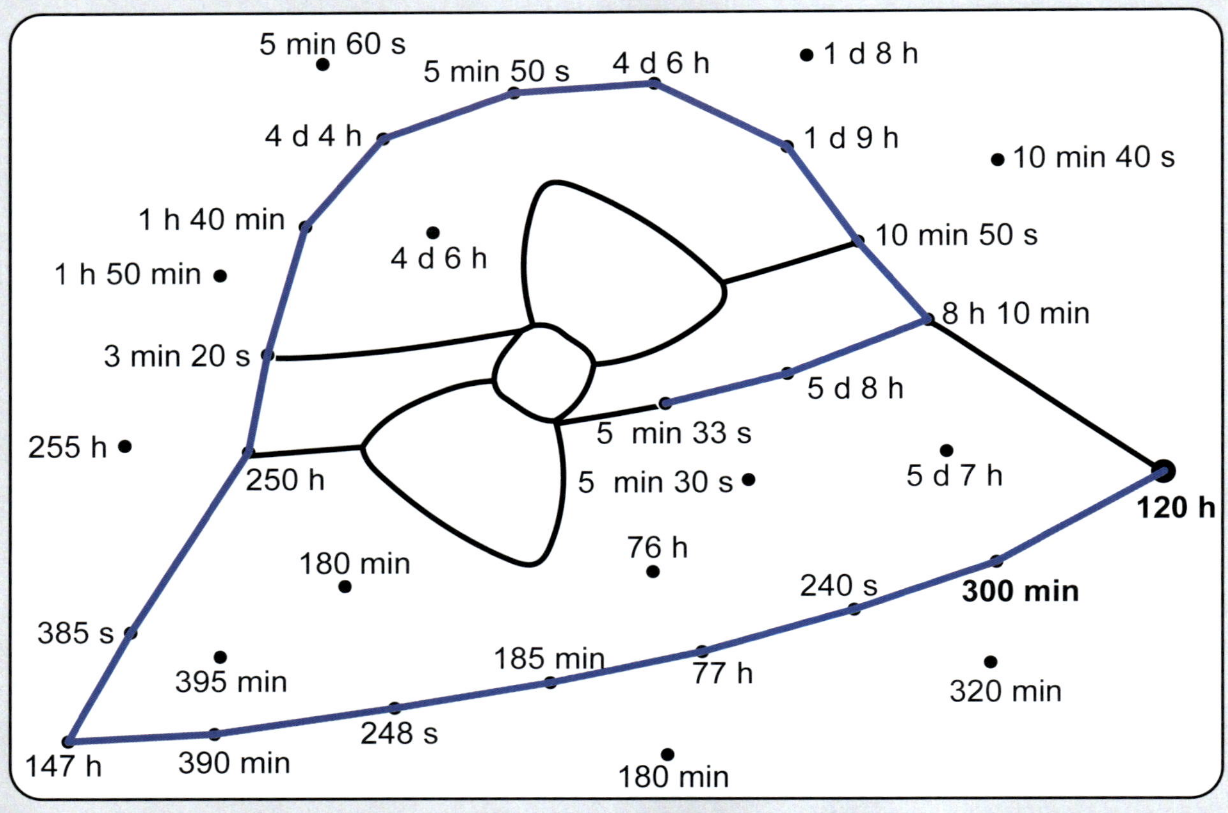

Wandle um	Ergebnis
5 d =	**120 h**
5 h =	**300 min**
4 min =	**240 s**
3 d 5 h =	**77 h**
3 h 5 min =	**185 min**
4 min 8 s =	**248 s**
6 h 30 min =	**390 min**
6 d 3 h =	**147 h**
6 min 25 s =	**385 s**
10 d 10 h =	**250 h**

Wandle um	Ergebnis
200 s =	**3 min 20 s**
100 min =	**1 h 40 min**
100 h =	**4 d 4 h**
350 s =	**5 min 50 s**
96 h 360 min =	**4 d 6 h**
33 h =	**1 d 9 h**
650 s =	**10 min 50 s**
490 min =	**8 h 10 min**
128 h =	**5 d 8 h**
333 s =	**5 min 33 s**

BILD AUS PUNKTEN

KOHL VERLAG – MATHE-TRAINING ... zur Wiederholung & Festigung / Klasse 6 – Bestell-Nr. 13 026

Zeitangaben: Plus- und Minusaufgaben

41*

Rechne aus, wandle in die angegebenen Einheiten um und verbinde die Punkte bei den Ergebnissen in der Reihenfolge der Aufgaben.

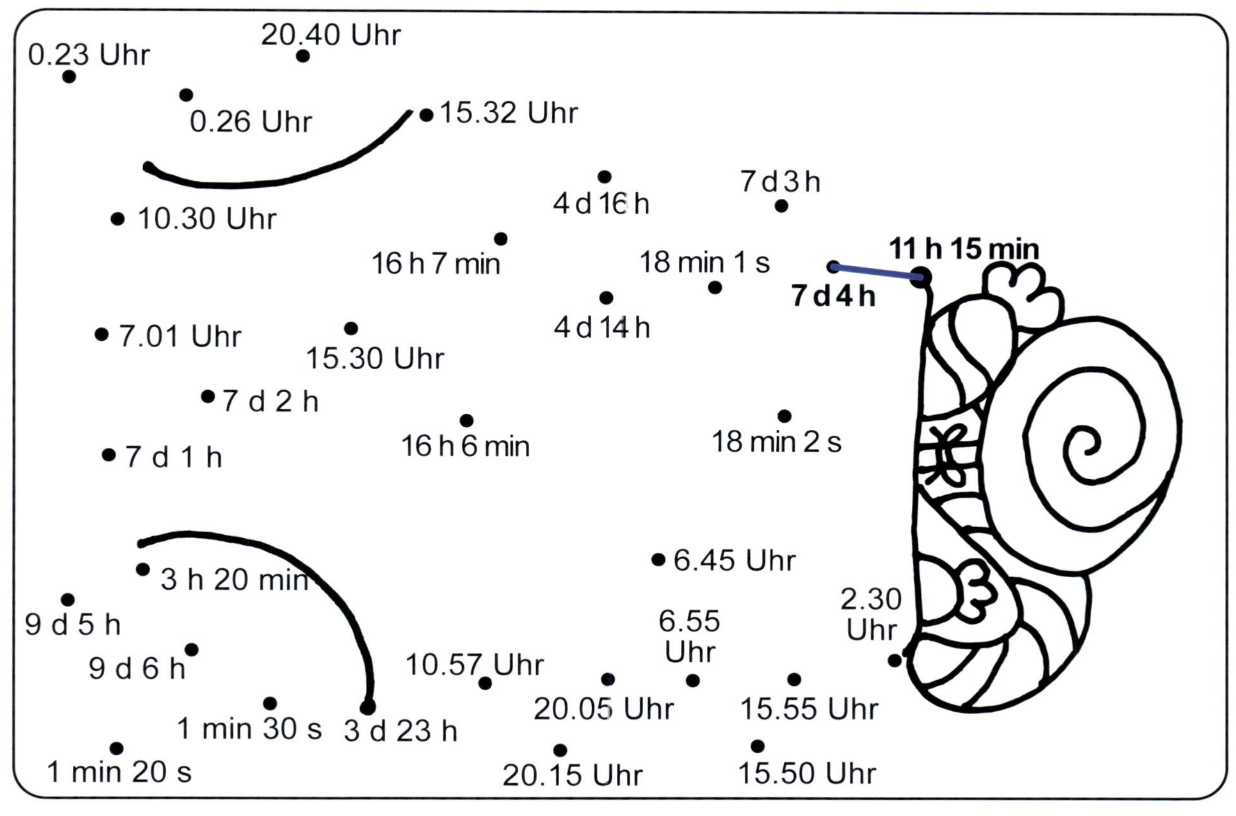

(d = Tag, h = Stunde, min = Minute, s = Sekunde)

Rechne aus	Ergebnis
8 h 45 min + 2 h 30 min =	**11 h 15 min**
4 d 8 h + 2 d 20 h =	**7 d 4 h**
5 min 55 s + 12 min 6 s =	___ min ___ s
2 d 2 h + 60 h =	___ d ___ h
12 h 58 min + 3 h 9 min =	___ h ___ min
10.48 Uhr + 4 h 44 min =	_____ Uhr
12.15 Uhr + 8 h 25 min =	_____ Uhr
22.28 Uhr + 1 h 58 min =	_____ Uhr
7.35 Uhr + 2 h 55 min =	_____ Uhr
3.16 Uhr + 3 h 45 min =	_____ Uhr

Rechne aus	Ergebnis
10 d 12 h – 3 d 11 h =	___ d ___ h
330 min – 2 h 10 min =	___ h ___ min
258 h – 1 d 12 h =	___ d ___ h
400 s – 5 min 10 s =	___ min ___ s
5 d 10 h – 1 d 11 h =	___ d ___ h
17.52 Uhr – 6 h 55 min =	_____ Uhr
1.30 Uhr – 5 h 25 min =	_____ Uhr
11.25 Uhr – 4 h 30 min =	_____ Uhr
18.20 Uhr – 2 h 25 min =	_____ Uhr
5.28 Uhr – 2 h 58 min =	_____ Uhr

BILD AUS PUNKTEN

KOHL VERLAG
MATHE-TRAINING ... zur Wiederholung & Festigung / Klasse 6 – Bestell-Nr. 13 026

– LÖSUNG –

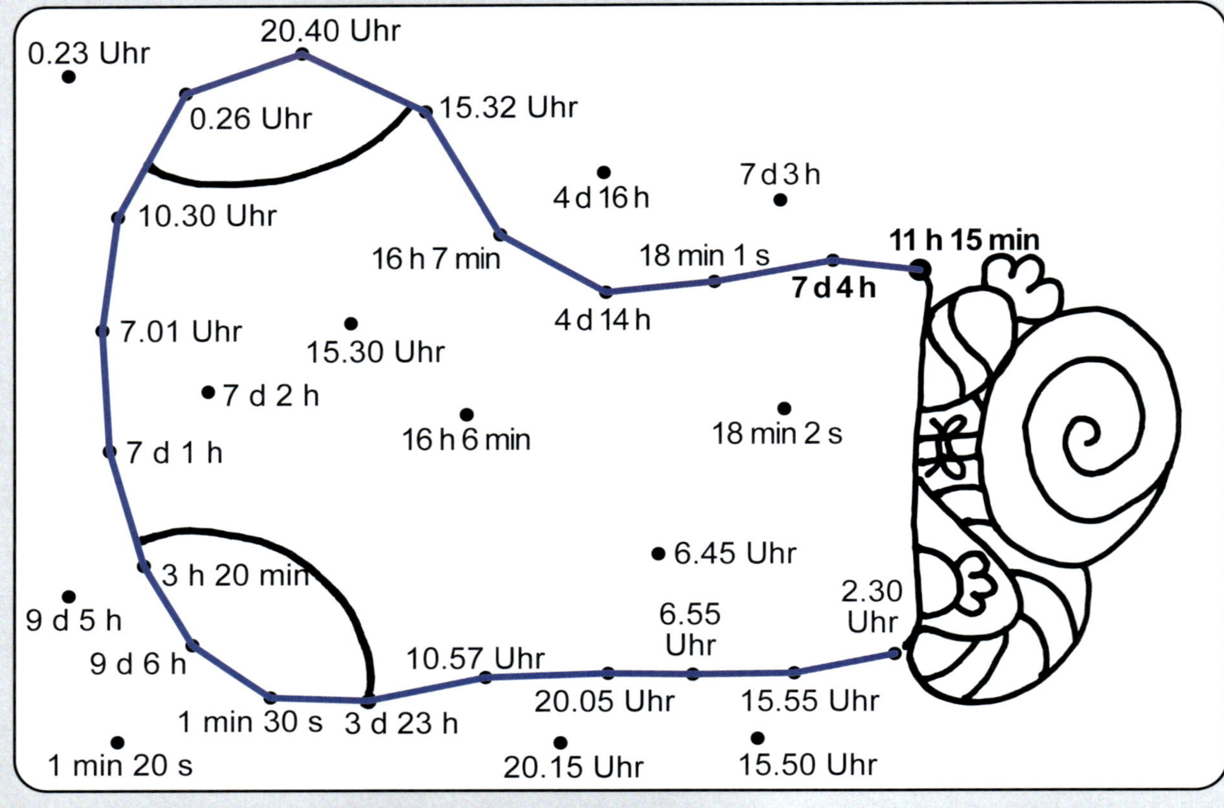

Rechne aus	Ergebnis
8 h 45 min + 2 h 30 min =	**11 h 15 min**
4 d 8 h + 2 d 20 h =	**7 d 4 h**
5 min 55 s + 12 min 6 s =	**18 min 1 s**
2 d 2 h + 60 h =	**4 d 14 h**
12 h 58 min + 3 h 9 min =	**16 h 7 min**
10.48 Uhr + 4 h 44 min =	**15.32 Uhr**
12.15 Uhr + 8 h 25 min =	**20.40 Uhr**
22.28 Uhr + 1 h 58 min =	**0.26 Uhr**
7.35 Uhr + 2 h 55 min =	**10.30 Uhr**
3.16 Uhr + 3 h 45 min =	**7.01 Uhr**

Rechne aus	Ergebnis
10 d 12 h – 3 d 11 h =	**7 d 1 h**
330 min – 2 h 10 min =	**3 h 20 min**
258 h – 1 d 12 h =	**9 d 6 h**
400 s – 5 min 10 s =	**1 min 30 s**
5 d 10 h – 1 d 11 h =	**3 d 23 h**
17.52 Uhr – 6 h 55 min =	**10.57 Uhr**
1.30 Uhr – 5 h 25 min =	**20.05 Uhr**
11.25 Uhr – 4 h 30 min =	**6.55 Uhr**
18.20 Uhr – 2 h 25 min =	**15.55 Uhr**
5.28 Uhr – 2 h 58 min =	**2.30 Uhr**

BILD AUS PUNKTEN

KOHL VERLAG MATHE-TRAINING ... zur Wiederholung & Festigung / Klasse 6 – Bestell-Nr. 13 026

Zeit: Plus- und Minusaufgaben

Rechne aus, wandle in die angegebenen Einheiten um und verbinde die Punkte bei den Ergebnissen in der Reihenfolge der Aufgaben.

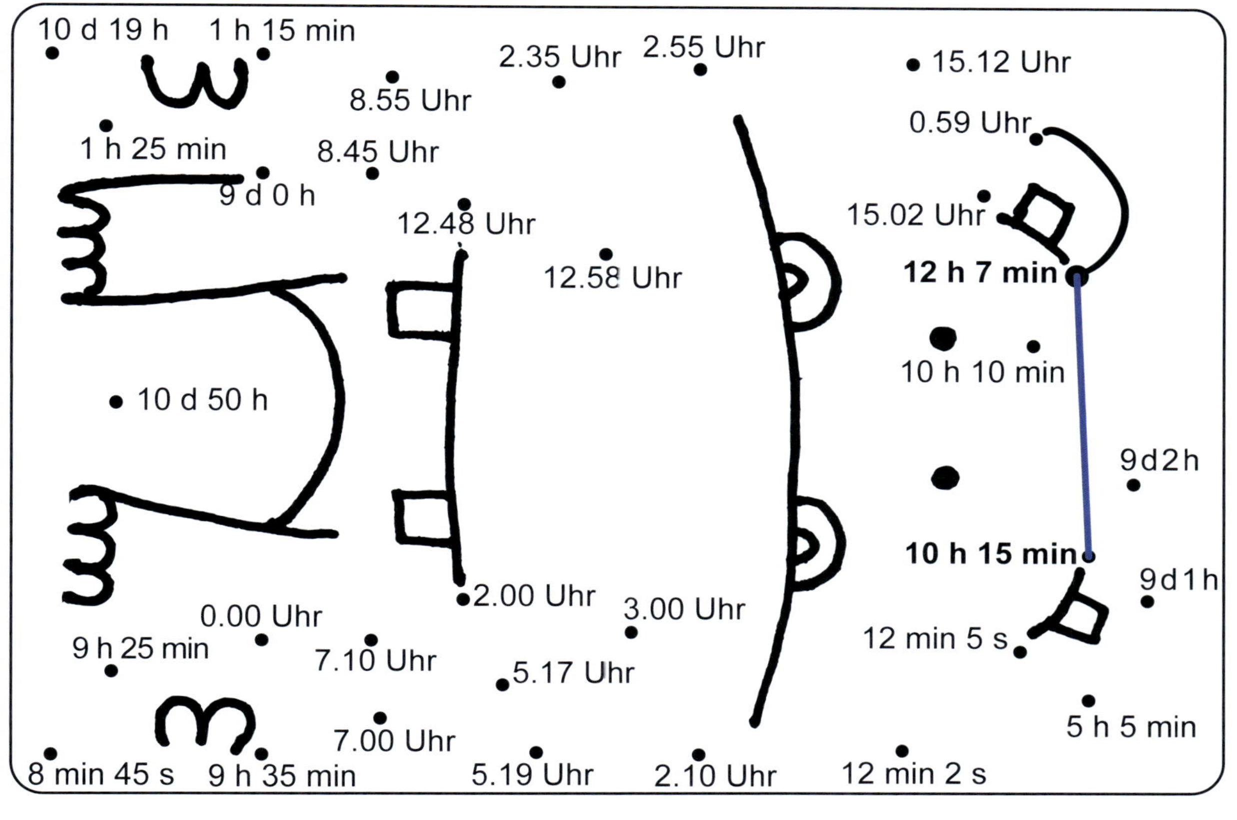

(d = Tag, h = Stunde, min = Minute, s = Sekunde)

Rechne aus	Ergebnis
8 h 58 min + 3 h 9 min =	**12 h 7 min**
3 h 55 min + 380 min =	**10 h 15 min**
3 d 20 h + 125 h =	___ d ___ h
3 h 40 min + 85 min =	___ h ___ min
6 min 15 s + 350 s =	___ min ___ s
18.25 Uhr + 7 h 45 min =	______ Uhr
23.45 Uhr + 5 h 32 min =	______ Uhr
0.15 Uhr + 25 h 45 min =	______ Uhr
16.35 Uhr + 14 h 35 min =	______ Uhr
20.33 Uhr + 3 h 27 min =	______ Uhr

Rechne aus	Ergebnis
12 h 25 min – 170 min =	___ h ___ min
10 min 10 s – 85 s =	___ min ___ s
12 d 11 h – 40 h =	___ d ___ h
280 min – 3 h 25 min =	___ h ___ min
252 h – 1 d 12 h =	___ d ___ h
0.00 Uhr – 15 h 15 min =	______ Uhr
3.13 Uhr – 14 h 25 min =	______ Uhr
1.25 Uhr – 22 h 30 min =	______ Uhr
11.32 Uhr – 20 h 30 min =	______ Uhr
10.10 Uhr – 9 h 11 min =	______ Uhr

BILD AUS PUNKTEN

KOHL VERLAG MATHE-TRAINING ... zur Wiederholung & Festigung / Klasse 6 – Bestell-Nr. 13 026

Zeitangaben: Plus- und Minusaufgaben

– LÖSUNG –

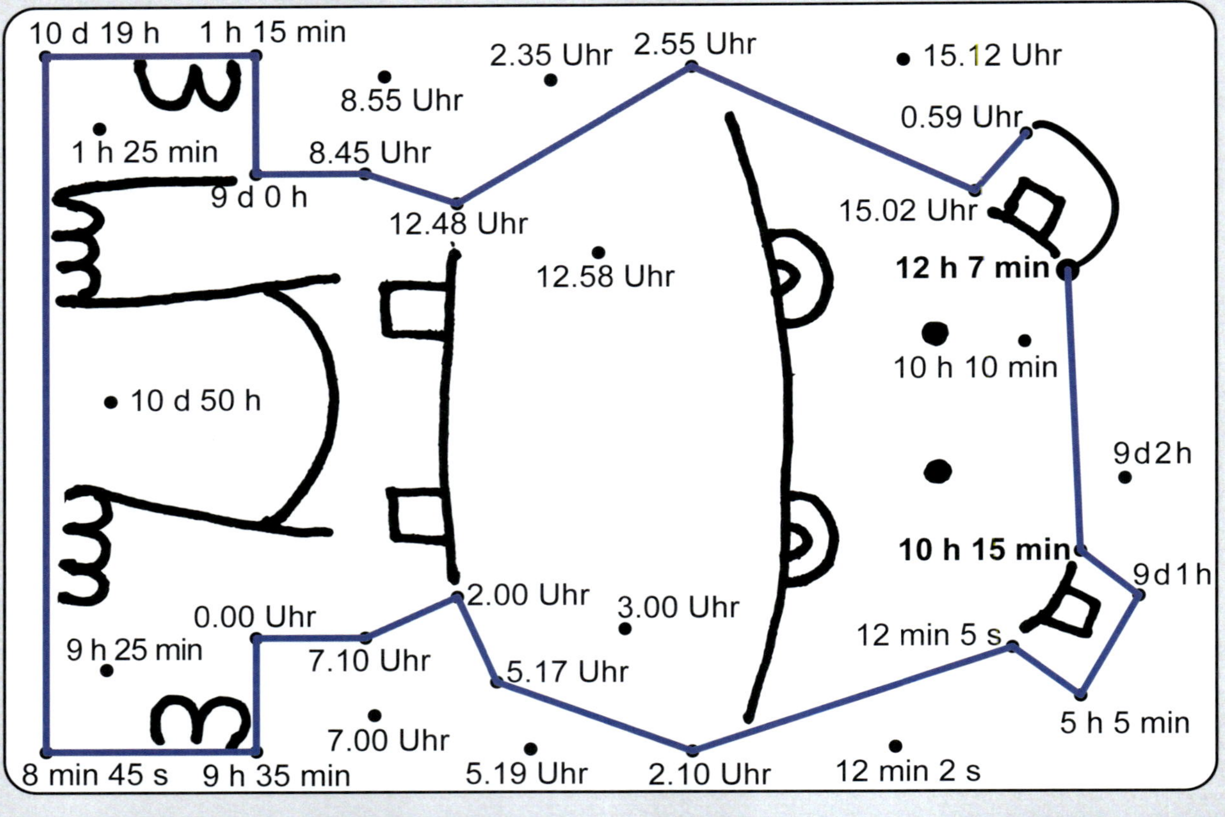

Rechne aus	Ergebnis
8 h 58 min + 3 h 9 min =	**12 h 7 min**
3 h 55 min + 380 min =	**10 h 15 min**
3 d 20 h + 125 h =	**9 d 1 h**
3 h 40 min + 85 min =	**5 h 5 min**
6 min 15 s + 350 s =	**12 min 5 s**
18.25 Uhr + 7 h 45 min =	**2.10 Uhr**
23.45 Uhr + 5 h 32 min =	**5.17 Uhr**
0.15 Uhr + 25 h 45 min =	**2.00 Uhr**
16.35 Uhr + 14 h 35 min =	**7.10 Uhr**
20.33 Uhr + 3 h 27 min =	**0.00 Uhr**

Rechne aus	Ergebnis
12 h 25 min – 170 min =	**9 h 35 min**
10 min 10 s – 85 s =	**8 min 45 s**
12 d 11 h – 40 h =	**10 d 19 h**
280 min – 3 h 25 min =	**1 h 15 min**
252 h – 1 d 12 h =	**9 d 0 h**
0.00 Uhr – 15 h 15 min =	**8.45 Uhr**
3.13 Uhr – 14 h 25 min =	**12.48 Uhr**
1.25 Uhr – 22 h 30 min =	**2.55 Uhr**
11.32 Uhr – 20 h 30 min =	**15.02 Uhr**
10.10 Uhr – 9 h 11 min =	**0.59 Uhr**

BILD AUS PUNKTEN

KOHL VERLAG MATHE-TRAINING ... zur Wiederholung & Festigung / Klasse 6 – Bestell-Nr. 13 026

Maßstab: Längen (Karte – Wirklichkeit)

Berechne die wirklichen Längen in der angegebenen Einheit. Male dann nur die Felder mit den berechneten Längenangaben mit einer Farbe aus.

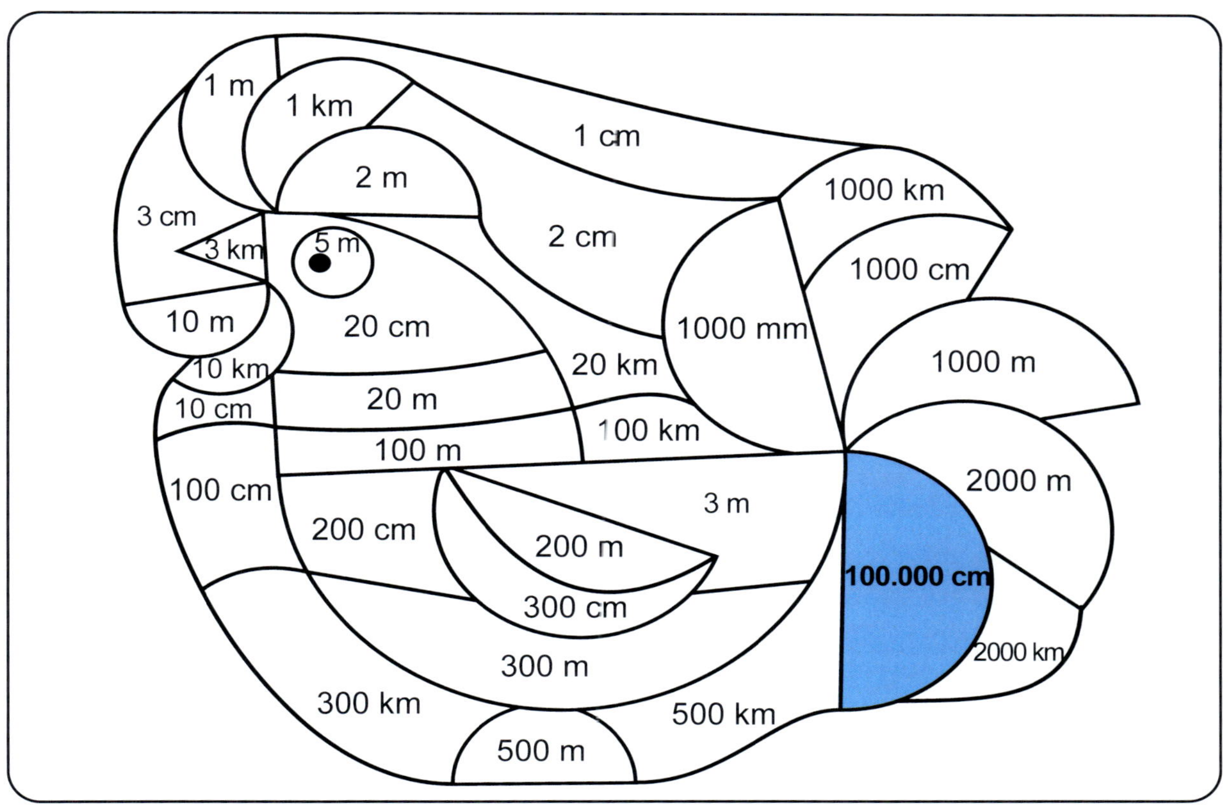

Maßstab 1 : 100.000	
Karte	**Wirklichkeit**
1 cm	**100.000 cm**
1 cm	_____ m
1 cm	_____ km
10 cm	_____ km
1 mm	_____ m
2 cm	_____ m
2 mm	_____ m
3 cm	_____ km
5 mm	_____ m
3 mm	_____ m

Maßstab 1 : 200	
Karte	**Wirklichkeit**
1 cm	_____ cm
1 cm	_____ m
1 mm	_____ cm
10 cm	_____ m
15 mm	_____ cm
15 mm	_____ m
5 cm	_____ cm
5 cm	_____ m
5 mm	_____ mm
5 mm	_____ m

KOHL VERLAG Lernen mit Erfolg
MATHE-TRAINING ... zur Wiederholung & Festigung / Klasse 6 – Bestell-Nr. 13 026

– LÖSUNG –

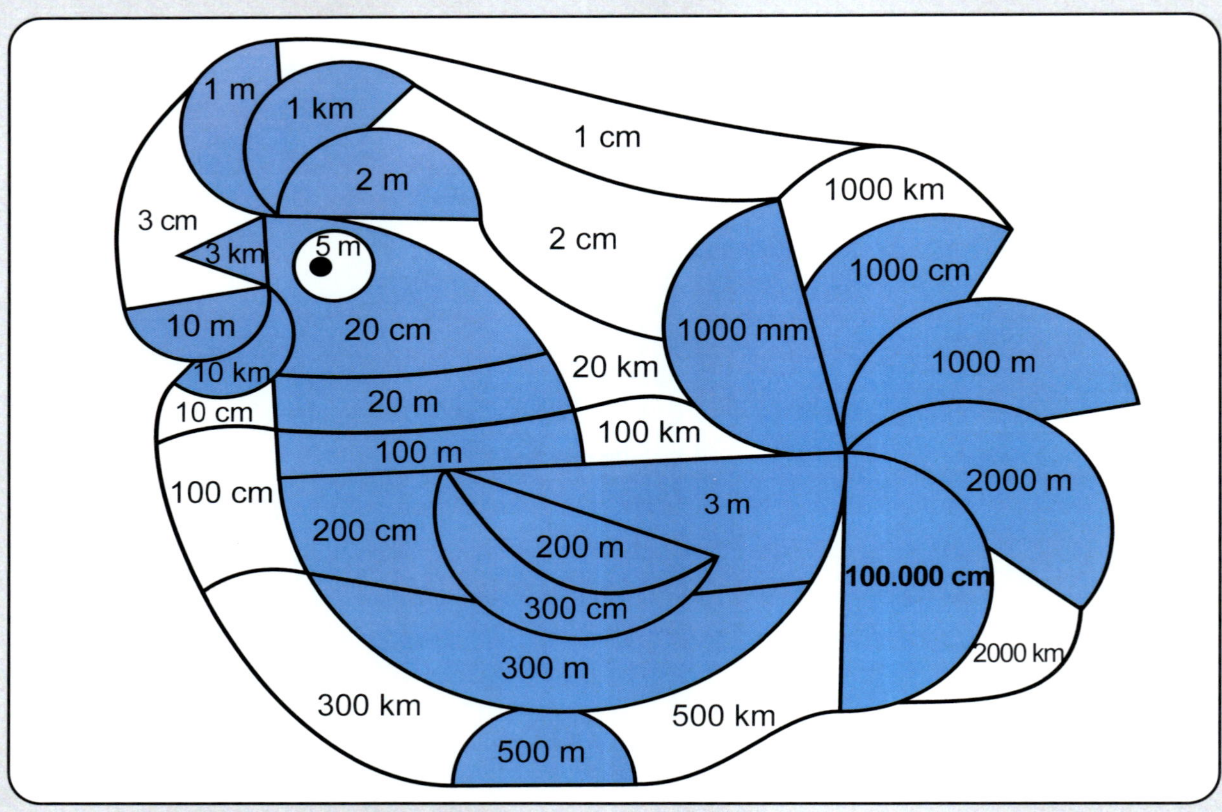

Maßstab 1 : 100.000	
Karte	**Wirklichkeit**
1 cm	**100.000 cm**
1 cm	**1000 m**
1 cm	**1 km**
10 cm	**10 km**
1 mm	**100 m**
2 cm	**2000 m**
2 mm	**200 m**
3 cm	**3 km**
5 mm	**500 m**
3 mm	**300 m**

Maßstab 1 : 200	
Karte	**Wirklichkeit**
1 cm	**200 cm**
1 cm	**2 m**
1 mm	**20 cm**
10 cm	**20 m**
15 mm	**300 cm**
15 mm	**3 m**
5 cm	**1000 cm**
5 cm	**10 m**
5 mm	**1000 mm**
5 mm	**1 m**

KOHL VERLAG Lernen mit Erfolg MATHE-TRAINING ... zur Wiederholung & Festigung / Klasse 6 – Bestell-Nr. 13 026

Maßstab: Längen (Wirklichkeit – Karte oder umgekehrt)

Berechne die fehlenden Längen in der angegebenen Einheit. Male dann nur die Felder mit den berechneten Längenangaben mit einer Farbe aus.

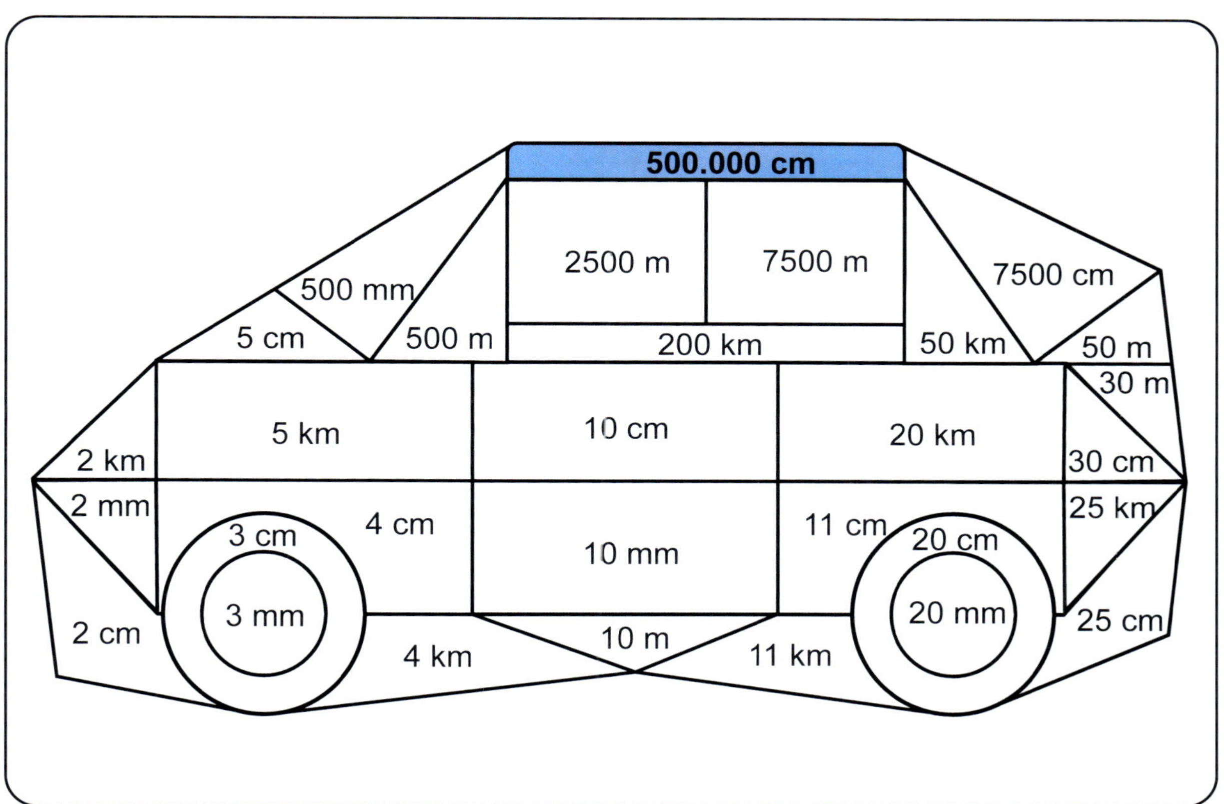

Maßstab 1 : 500.000	
Karte	**Wirklichkeit**
1 cm	**500.000 cm**
1 cm	_____ km
1 mm	_____ m
10 cm	_____ km
5 mm	_____ m
4 cm	_____ km
4 mm	_____ km
5 cm	_____ km
15 mm	_____ m
40 cm	_____ km

Maßstab 1 : 20.000	
Wirklichkeit	**Karte**
2000 m	_____ cm
200 m	_____ mm
600 m	_____ cm
6 km	_____ cm
4 km	_____ cm
40 m	_____ mm
60 m	_____ mm
0,8 km	_____ cm
0,4 km	_____ mm
2,2 km	_____ cm

AUSMALEN

KOHL VERLAG – MATHE-TRAINING ... zur Wiederholung & Festigung / Klasse 6 – Bestell-Nr. 13 026

– LÖSUNG –

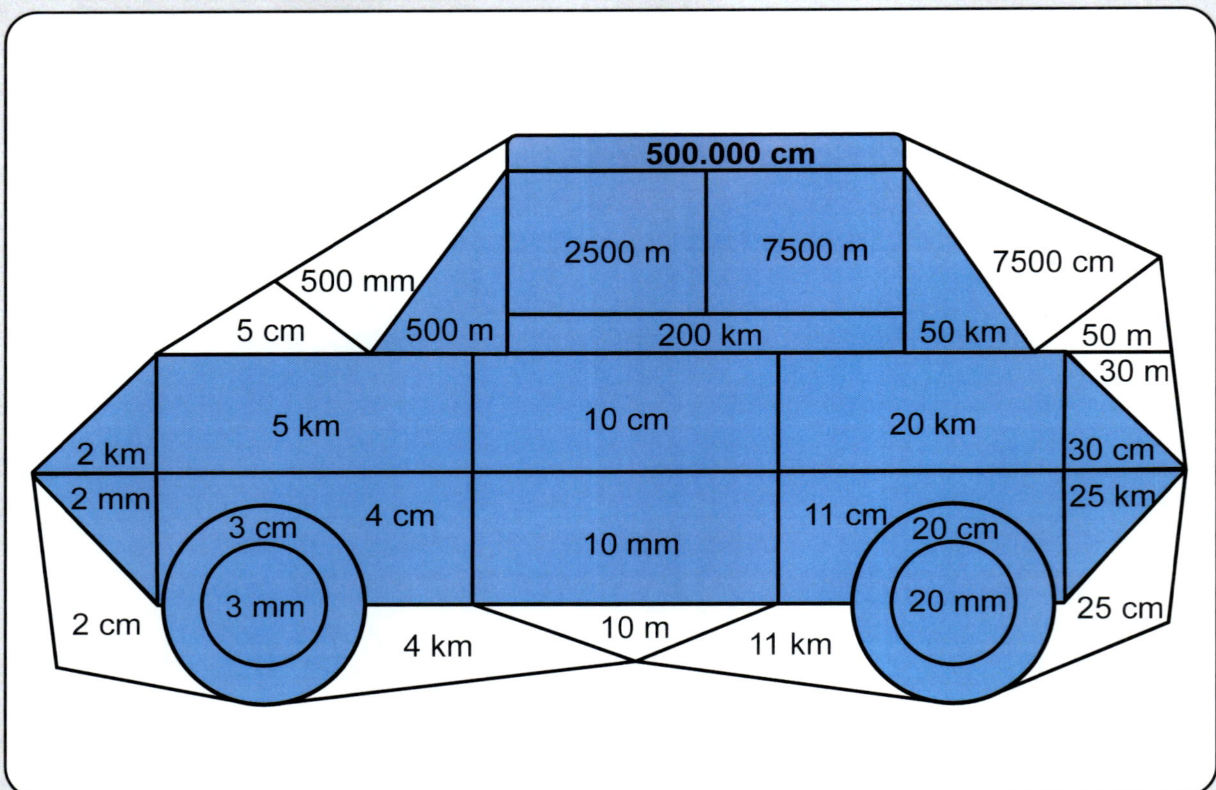

Maßstab 1 : 500.000	
Karte	**Wirklichkeit**
1 cm	**500.000 cm**
1 cm	**5 km**
1 mm	**500 m**
10 cm	**50 km**
5 mm	**2500 m**
4 cm	**20 km**
4 mm	**2 km**
5 cm	**25 km**
15 mm	**7500 m**
40 cm	**200 km**

Maßstab 1 : 20.000	
Wirklichkeit	**Karte**
2000 m	**10 cm**
200 m	**10 mm**
600 m	**3 cm**
6 km	**30 cm**
4 km	**20 cm**
40 m	**2 mm**
60 m	**3 mm**
0,8 km	**4 cm**
0,4 km	**20 mm**
2,2 km	**11 cm**

AUSMALEN

MATHE-TRAINING ... zur Wiederholung & Festigung / Klasse 6 – Bestell-Nr. 13 026
KOHL VERLAG Lernen mit Erfolg

Längen (Karte – Wirklichkeit – Maßstab)

45**

Berechne die fehlenden Werte (Längen oder Maßstäbe). Male dann nur die Felder mit den berechneten Werten mit einer Farbe aus.

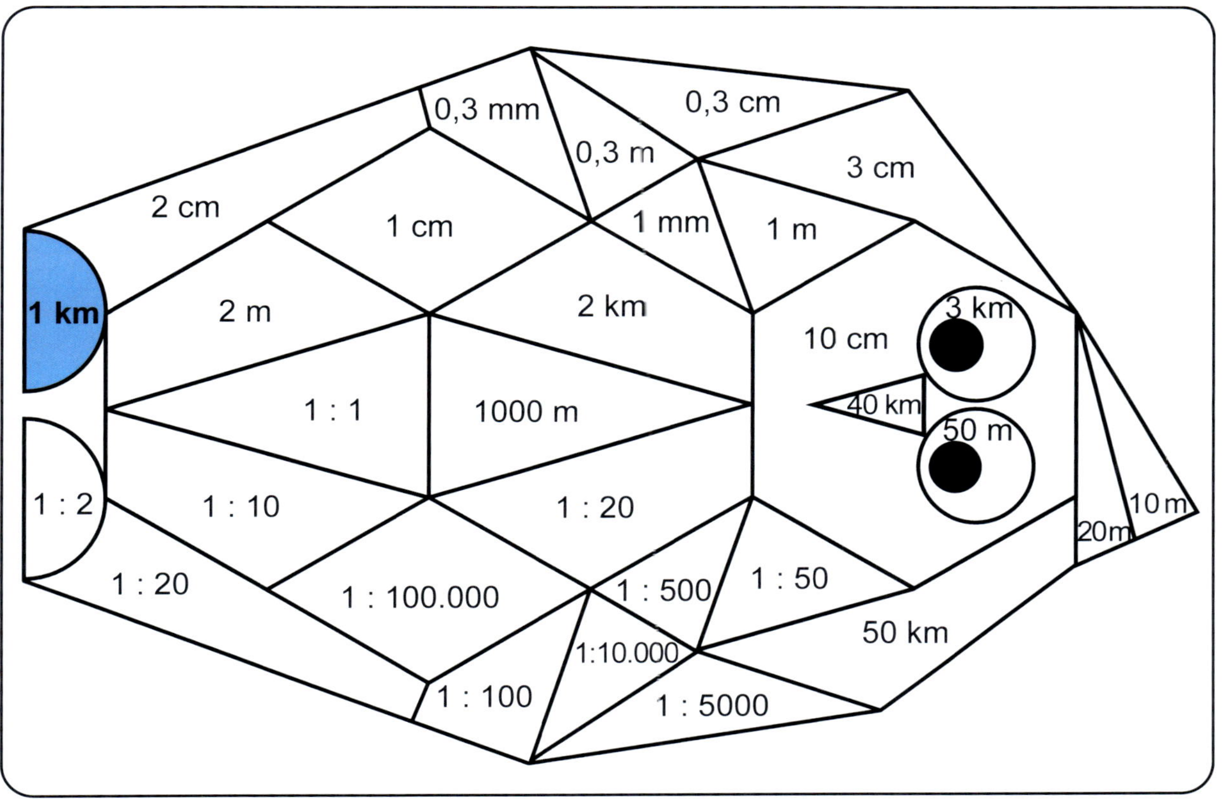

Karte	Wirklichkeit	Maßstab
1 m	**1 km**	1 : 1000
_____ cm	1 m	1 : 100
1 m	_____ km	1 : 3000
1 cm	_____ m	1 : 5000
_____ m	400 m	1 : 200
2 m	_____ km	1 : 20.000
_____ m	0,250 km	1 : 25
20 cm	2 km	1 : _____
2 m	1 km	1 : _____
5 cm	5 km	1 : _____

Karte	Wirklichkeit	Maßstab
4 m	_____ m	1 : 250
2 cm	_____ cm	1 : 5
5 mm	1 cm	1 : _____
1 cm	10 mm	1 : _____
1 m	_____ km	1 : 2000
10 mm	20 cm	1 : _____
_____ m	1 km	1 : 50
1 mm	1 cm	1 : _____
_____ m	0,9 m	1 : 3
_____ mm	200 m	1 : 200.000

AUSMALEN

KOHL VERLAG MATHE-TRAINING ... zur Wiederholung & Festigung / Klasse 6 – Bestell-Nr. 13 026

– LÖSUNG –

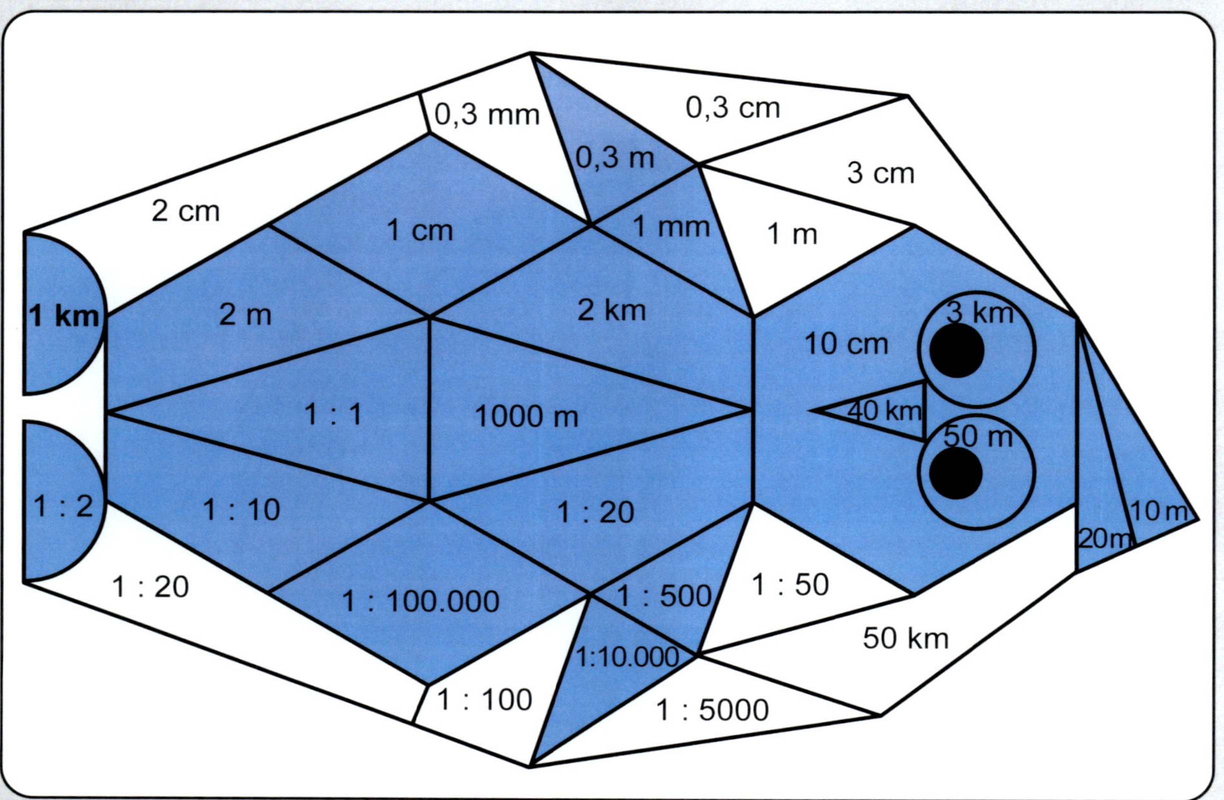

Karte	Wirklichkeit	Maßstab
1 m	**1 km**	1 : 1000
1 cm	1 m	1 : 100
1 m	**3 km**	1 : 3000
1 cm	**50 m**	1 : 5000
2 m	400 m	1 : 200
2 m	**40 km**	1 : 20.000
10 m	0,250 km	1 : 25
20 cm	2 km	**1 : 10.000**
2 m	1 km	**1 : 500**
5 cm	5 km	**1 : 100.000**

Karte	Wirklichkeit	Maßstab
4 m	**1000 m**	1 : 250
2 cm	**10 cm**	1 : 5
5 mm	1 cm	**1 : 2**
1 cm	10 mm	**1 : 1**
1 m	**2 km**	1 : 2000
10 mm	20 cm	**1 : 20**
20 m	1 km	1 : 50
1 mm	1 cm	**1 : 10**
0,3 m	0,9 m	1 : 3
1 mm	200 m	1 : 200.000

AUSMALEN

MATHE-TRAINING ... zur Wiederholung & Festigung / Klasse 6 – Bestell-Nr. 13 026
KOHL VERLAG

Anette Töniges

Mathe-Rätsel für helle Köpfe

Arbeitsblätter zur individuellen Förderung

Kreuzzahlrätsel, Knobeln an magischen Quadraten, Geheimcodes, Dominos, spannende Bilder- und Buchstabenrätsel ... Das Grundwissen und viele mathematische Begriffe werden spielerisch gefestigt. So geht es schwerpunktmäßig um die Grundrechenarten. Aber auch geometrische Figuren und Körper, Umrechnungen von Größen sowie Flächen- und Rauminhalte werden vertiefend behandelt.

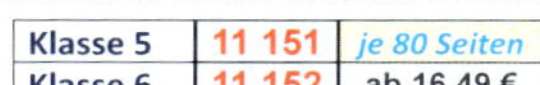

Klasse 5	11 151	je 80 Seiten
Klasse 6	11 152	ab 16,49 €

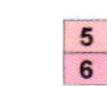

BF PDF plus — 5 6

Michael Junga

Logisch denken lernen mit Hashis

Inseln mit Zahlen bzw. Punkten werden nach vorgegebenen Regeln miteinander verbunden. Ziel ist es, genau die vorgegebene Anzahl einfacher und doppelter Linien auf die Insel zulaufen zu lassen, ohne dass sich die Linien kreuzen. Alle Inseln müssen zum Schluss miteinander verbunden sein. Mit verschiedenen Schwierigkeitsstufen und Größen!

32 Seiten	11 464	ab 11,99 €

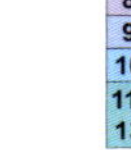

BF — 5 6 7 8 9 10 11-13

Michael Junga

Effektives 1x1-Training ... mit Rechenmandalas

Die mathematische Denk- & Kombinationsmöglichkeit sowie allgemeines Konzentrationsvermögen werden gefördert. Die Ergebnisse werden aufgeschrieben und mittels grafischem Kontrollsystem auf Fehler überprüft. Dies bietet universelle Einsatzmöglichkeiten als interessante Hausaufgabe. Zeitausgleich für schnellere Kinder beim Stationenlernen oder für den Wochenplan.

40 Seiten	11 395	ab 12,49 €

FÖ — 5 6

Moritz Quast & Tim Schrödel

Das 1x1-Mathe-Labyrinth

Spannendes Knobeln für Schlaumeier!

80 verschiedene Labyrinthe zum kleinen und großen Einmaleins jeweils in DIN-A5-Größe, die durch Geschicklichkeit und Konzentration gelöst werden können. Die Kopiervorlagen sind sowohl zum Einsatz in der Grundschule als auch in der SEK I konzipiert. So wird das große und das kleine Einmaleins spielerisch verinnerlicht und gefestigt. Bei richtiger Lösung ergibt sich aus dem Weg durchs Labyrinth ein Lösungswort.

64 Seiten	11 325	ab 14,49 €

FÖ PDF plus — 5 6

Kathrein Schadow & Hans-J. Schmidt

Mathe-Memo

Spielerisch Stoffgebiete wiederholen

Warum nicht einmal Altbekanntes nutzen, um Stoffgebiete wie Bruchrechnung, Zahlensysteme oder Lineare Funktionen zu vertiefen? Die Spielform Memo folgt der Forderung nach methodischer Abwechslung und kann in Vertretungs- und Wiederholungsstunden und auch bei der Öffnung vom Unterricht (z.B. in Lernzirkeln) genutzt werden.

96 Seiten	12 004	ab 15,99 €

5 6 7 8 9 10

Alfons Weinem

Rätselsammlung MATHE

Eine Freiarbeitstheke für die Sekundarstufe

Diese Rätselsammlung bietet eine ganze Palette mathematischer Rätsel und Logeleien: Von Zahlenrätseln und -spielen über Textaufgaben zum Knobeln und Klassiker mit Dreisatz und Zinseszins bis zu beliebten Zahlenrätseln aus Japan, Sudoku und Kakuro. Auch die Umsetzung der Mathematik kommt nicht zu kurz: Mit Aufgaben zum technischen Vorstellungsvermögen kann getestet werden, wie schnell Gewichte, Volumen und Drehbewegungen berechnet werden können. ***Übungen in allen Schwierigkeitsgraden – und das ganze im Taschenformat!***

40 Seiten	12 617	ab 12,49 €

BF — 5 6 7 8 9 10

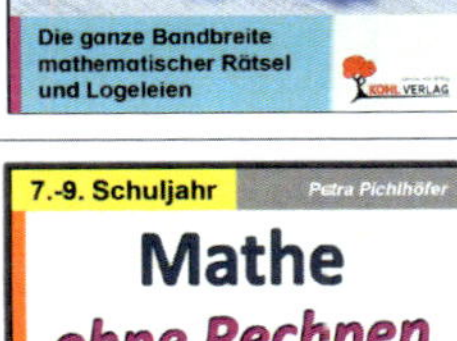

Petra Pichlhöfer

Mathe ohne Rechnen

40 Denksportaufgaben mit Selbstkontrolle

Die Mathe-Rätsel begeistern die Schüler mit herausfordernder Denkarbeit von Mathe-Begriffen bis zu geometrischen Konstruktionen. Pfiffige Rätselformen fördern die Motivation, die Lösungen auszuarbeiten. Verschiedene Schwierigkeitsgrade unterstützen Sie bei der Vorbereitung für Ihren Unterricht und die notwendige Differenzierung. Alle Rätsel sind praxiserprobt und für eine Selbstkontrolle ausgelegt. Damit sind Sie bestens gerüstet für den kommenden Unterricht.

84 Seiten	12 287	ab 16,49 €

7 8 9

Melanie Schnurr

SCRATCH für die Schule

Scratch ist eine bildungsorientierte visuelle Programmiersprache mit dem Ziel, das Grundkonzept der Programmierung näher zu bringen. Das Programmieren fördert das logische Denken und technische Verständnis. Scratch ist frei verfügbar in über 150 Ländern bzw. über 40 Sprachen. In diesem Heft gibt es neben Erklärungen und Übungen zum Aufbau von Scratch kleine Programme zum Ausprobieren. Außerdem werden wichtige Funktionen wie das Erstellen einer Schleife gezeigt, die dazu dienen, komplexere Aufgabenstellungen zu verstehen und eigene Programme zu erstellen. Abgerundet wird das Heft mit den Anleitungen von kleinen Scratch-Spielen, die nachprogrammiert werden können.

56 Seiten	12 744	ab 14,49 €

7 8 9

Hrsg: Kohl-Redaktionsteam

Logikrätsel Mathematik

Pfiffige Logicals zum Training logischen Denkens

Mit den 30 Logikrätseln werden die Gehirnzellen ordentlich angestrengt – und nebenbei wird auch noch Wissen zum Fach Mathematik vermittelt! Auf angenehme Art und Weise beschäftigen sich die Schüler mit wichtigen Inhalten und wiederholen und festigen, ohne dass ihnen das wirklich bewusst zu sein. Logikrätsel erhöhen die geistige Fitness. Sie sind ein ideales Training für den Kopf, erhöhen die Konzentration und machen einfach nur Spaß!

40 S.	11 087	ab 12,49 €

BF PDF plus — 5 6

Stefan Lamm

Kreuzworträtsel MATHE

34 Kreuzworträtsel zur Prüfung & Festigung

Rätsel begleitend zum Lehrplan aller Schuljahre in der Sekundarstufe. Der Einsatz dieser Rätsel schult das mathematische Allgemeinwissen, denn auch in Mathe gibt es unerlässliche Vokabeln, deren Bedeutung jeder kennen sollte. Die Kreuzworträtsel sind auch bestens geeignet für Vertretungsstunden, den fachfremden Themeneinstieg oder die Wiederholung bzw. Zusammenfassung eines Themenbereichs.

48 Seiten	12 235	ab 12,49 €

PDF plus — 5 6 7 8 9 10

Barbara Theuer

Mathe-Nüsse knacken

Rätsel rund um Weihnachten

Rätsel ganz verschiedener Art und Schwierigkeit werden geboten; es geht aber immer um das Thema Weihnachten. Dabei kommt schon die richtige Stimmung auf, man kann aber durchaus noch Mathematik üben. Anspruchsvollere Themen wie geometrische Reihe, aber auch praktische wie die Konstruktion von Sternen als regelmäßige Figuren oder Berechnung der Adventssonntags-Daten. Zur Auflockerung gibt es Rätsel mit Gedichten, Texten über St. Martin oder Nikolaus – oder einfach Worträtsel.

64 Seiten	12 930	ab 14,99 €

PDF plus — 5 6

Jörg Krampe & Rolf Mittelmann

Mathe-Training

zur Wiederholung & Festigung

45 motivierende Übungen

NEU

In jedem Band der Reihe wird der für die Klassenstufe relevante Stoff trainiert. Gegliedert nach Themen, stehen zu jedem Bereich 3 Übungsseiten zur Verfügung – grundlegendes, mittleres und anspruchsvolles Niveau. So können alle Schüler individuell am gleichen Mathe-Thema arbeiten. Die Ergebnisse der Aufgaben sind so angeordnet, dass sich beim Lösen jeweils ein lustiger Text oder ein Bild ergibt, wodurch sich zugleich die Selbstkontrolle ergibt. Dieses beliebte Prinzip wird durch Ausmalen, Geheimschrift, Bild aus Punkten, Domino, Rechenfeld, Irrgarten realisiert.

Durch die Lösungen auf der Blattrückseite wird der Einsatz in Übungsphasen des Unterrichts, im Förderunterricht, in Vertretungsstunden oder bei den Hausaufgaben erleichtert.

Klasse 5	13 025	
Klasse 6	13 026	
Klasse 7	12 999	
Klasse 8	12 996	
Klasse 9	13 027	je 96 Seiten
Klasse 10	13 028	ab 18,99 €

FÖ PDF plus — 5 6 7 8 9 10

• üben & wiederholen
• knobeln & dranbleiben
• effektiv & motivierend

Klasse 5 6 7 8 9 10 11-13

Mathematik

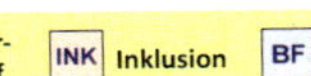
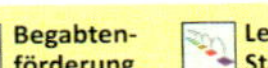
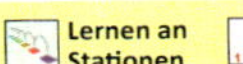
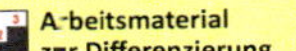

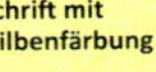 Grundschrift mit Sprechsilbenfärbung 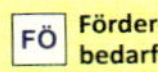 Förderbedarf  Inklusion 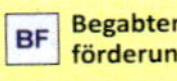 Begabtenförderung 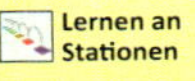 Lernen an Stationen 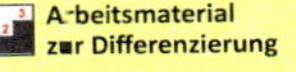 Arbeitsmaterial zur Differenzierung Zusatzmaterial Fächerübergreifend  PDFplus

Lernen mit Erfolg
KOHL VERLAG
www.kohlverlag.de